이화 한국어

이화 한국어 6

지은이 이수행 · 조정민 · 박진철 · 조인숙 · 박수연

펴낸날 1판 1쇄 2012년 9월 12일
4쇄 2020년 12월 29일

펴낸이 이승아 **펴낸곳** 이화여자대학교출판문화원
주소 서울특별시 서대문구 이화여대길 52(우 03760) **등록** 1954년 7월 6일 제9-61호
전화 02) 3277-2965(편집), 02) 362-6076(마케팅)
팩스 02) 312-4312 **전자우편** press@ewha.ac.kr **홈페이지** www.ewhapress.com

책임편집 이혜지, 민지영 **디자인** design **Vita**
일러스트 이지영 **사진** 정영진, 이화여자대학교 언어교육원, 이화여자대학교 홍보과
녹음 정영진@e-sound studio **성우** 최하나, 최정호 **인쇄** (주)현문자현

ISBN 978-89-7300-959-6 18710
978-89-7300-875-9(세트)
값 26,000원

* 사진 촬영에 협조해 주신 이화여자대학교 언어교육원 학생들과 이화여자대학교 학생들에게 감사를 드립니다.
* 잘못된 책은 구입처에서 바꾸어 드립니다.
* 적녹색인생 : Komca(한국음악저작권협회) 승인 필

이화여자대학교 언어교육원
Ewha Womans University
Ewha Language Center

이화 한국어 6

이수행 · 조정민 · 박진철 · 조인숙 · 박수연 지음

EPRESS

책을 펴내면서

이화여자대학교 언어교육원은 국내 최초의 의사소통 중심 교재『말이 트이는 한국어(Pathfinder in Korean)』를 발간한 지 12년 만에 새로운 의사소통 중심 교재『이화 한국어(Ewha Korean)』를 발간하게 되었습니다. 지난 10여 년 동안『말이 트이는 한국어(Pathfinder in Korean)』는 세계 각국에서 한국어 교재로 널리 사용되어 왔으며 현재까지도 외국인들에게 한국어 학습의 좋은 길잡이가 되고 있습니다. 그러나 새로운 시대 흐름에 맞춘 교재 집필이 필요하다고 생각되어 언어교육원에서는 2008년부터『이화 한국어(Ewha Korean)』 개발에 착수하였으며, 교육과학기술부의 '2009 한국어 연수 프로그램 지원사업'에 선정되어 교재 개발에 박차를 가할 수 있게 되었습니다. 그리고 지난 일 년 간 언어교육원 한국어 과정에서 몇 차례의 시험 사용, 수정 작업을 거쳐 발간하기에 이르렀습니다.『이화 한국어(Ewha Korean)』 시리즈는 1급에서 6급까지 총 30권의 교재와 연습서로 구성되며, 앞으로 단계적으로 발간될 예정입니다.

『이화 한국어(Ewha Korean)』는 말하기 · 듣기 · 읽기 · 쓰기의 통합 교재이며 초급부터 고급까지 연계적으로 구성되어 있습니다. 이 교재는 네 가지 언어 기능의 균형 있는 발전을 유도하면서도 특히 말하기 능력을 강화하도록 고안된 것이 특징입니다. 말하기 연습을 유도하는 장치로 'Try it'을 활용하였는데 이것은 외국인 학습자가 주도적으로 대화를 이끌어 갈 수 있도록 담화 순서와 문장의 핵심어를 담은 것입니다. 이 장치를 따라 말하기 연습을 함으로써 학습자는 단순 암기 방식에서 벗어나서 주도적으로 대화를 이끌어 가는 능력을 기를 수 있을 것입니다. 또한 최근 학습자 성향과 편의를 고려하여 1~3급은 교재를 두 권으로 구성하였으며, 1급과 2급은 영어, 일본어, 혹은 중국어(간체, 번체)로 설명을 넣는 등 세밀하게 학습자 요구를 반영하고자 하였습니다.

이화여자대학교 언어교육원을 대표하여,『이화 한국어(Ewha Korean)』가 출간되기까지 이 책의 저자들이 쏟은 열정과 노고에 대해서 깊은 감사를 드립니다. 또한 내용 구성에 많은 조언을 해 주신 이해영, 김영규, 최형용, 박선희 교수님께 감사의 말씀을 드리며, 문학 부분에 조언을 해 주신 김현자 교수님께도 감사의 말씀을 드립니다. 또한 편집과 출판을 맡아 주신 이화여자대학교출판문화원에도 고마움을 전합니다.

앞으로『이화 한국어(Ewha Korean)』가 국내외에서 한국어 교재로 널리 활용되어 한국어를 쉽고 재미있고 효과적으로 교수 · 학습하는 데 기여하기를 기대합니다.

2010년 6월

이화여자대학교 언어교육원

원장 양 혜 순

차례

Contents

교재 구성표

단원	제목	내용			
		Part 1			Part 2
		준비합시다	들어 봅시다	말해 봅시다	준비합시다
1	개인과 사회	–(으)ㄴ/는 감이 있다 –(으)련마는	재능 기부에 대한 인터뷰 듣기	사회에 기여한 사례에 대해 발표하기 **기능 표현** 발표 내용의 개요 소개하기	–(으)ㄴ들
2	창의적 사고	(이)나 다름없다 –기로서니	창의력에 대한 강의 듣기	고정 관념에서 벗어나기 위한 방법에 대해 토의하기 **기능 표현** 발언이 주제에서 벗어났음을 지적하기	–느냐에 달려 있다
3	한국의 맛과 멋	–(으)ㄴ/는 만큼 –거니와	음식 체험 관광에 대한 생활 정보 프로그램 듣기	향토 음식이 발달한 지리적 요인에 대해 발표하기 **기능 표현** 새로운 화제로 전환하며 말하기	–느니
4	학교와 교육	–(으)ㄴ/는 가운데 –다 못해	바람직한 교육에 대한 공익 광고 듣기	능력별 학급 운영에 대해 토론하기 **기능 표현** 상대방의 발언 중 끼어들어 말하기	–아/어 치우다
5	한국의 문자와 언어	–자니 –네–네 하다	한글 창제와 과학성에 대한 강연 듣기	문자의 특징에 대해 발표하기 **기능 표현** 청중의 이해를 도우며 말하기	–되
6	경영 전략	–기는 고사하고 –(으)ㄹ라치면	판매 전략에 대한 강연 듣기	경영 전략에 대해 토의하기 **기능 표현** 대안을 제시하며 말하기	–ㄴ/는다는
7	한국인의 일생	–(으)ㄴ/는 양 –는 둥 마는 둥 하다	한국인의 출생에 대한 강의 듣기	장례 문화에 대해 발표하기 **기능 표현** 특징적인 내용을 부각하며 말하기	–(으)ㄹ지언정
8	환경과 에너지	–는 통에 –겠거니 하고	자원 고갈과 환경 문제에 대한 인터뷰 듣기	댐 건설의 필요성에 대해 토론하기 **기능 표현** 질문하며 반론 제기하기	–(으)ㄹ 바에(야)
9	주거와 생활	–기(에) 망정이지 –(으)려고 들다	한옥의 냉방 방식에 대한 강의 듣기	전통 가옥의 특징에 대해 발표하기 **기능 표현** 자신의 발표의 의의와 한계점 밝혀 말하기	–(으)ㄴ/는 마당에
10	창작과 예술	–건 –건 –ㄴ/는다손 치더라도	문화 콘텐츠에 대한 대담 듣기	문화 콘텐츠의 성공 조건에 대해 토론하기 **기능 표현** 상대방의 의견을 일부 인정하며 반론 제기하기	–(으)ㄴ/는/(으)ㄹ 바

내용				
		Part 3		
읽어 봅시다	써 봅시다	과제 활동	어휘 확장	사자성어
투표 참여에 대한 투고문 읽기	헌혈 참여에 대한 투고문 쓰기	사회 참여를 촉구하는 라디오 캠페인 만들기	시작 관련 표현	동병상련 솔선수범 십시일반
발상의 전환에 대한 설명문 읽기	발명의 사례에 대한 설명문 쓰기	발명 계획서 만들기	변화 관련 표현	격세지감 반신반의 변화무쌍
서울의 명소에 대한 기사문 읽기	문화 유적 답사기 쓰기	체험 관광 상품 기획하기	고생 관련 표현	문전성시 방방곡곡 산해진미
학교의 사회적 기능에 대한 칼럼 읽기	학교 교육의 문제 해결을 위한 투고문 쓰기	학교의 인성 교육 강화 방안에 대한 좌담회 열기	집중 관련 표현	박학다식 일취월장 팔방미인
한국어 조사의 특징에 대한 설명문 읽기	한국어의 특징에 대한 설명문 쓰기	한글과 한국어에 대한 퀴즈 대회 열기	말 관련 표현	단도직입 왈가왈부 횡설수설
경영 전략에 대한 칼럼 읽기	기업의 서비스 개선에 대한 건의문 쓰기	성공적인 사업을 위한 경영 전략 발표하기	경쟁 관련 표현	금상첨화 일확천금 천정부지
화제의 인물에 대한 인터뷰 기사문 읽기	자신의 일생에 대한 자전적 에세이 쓰기	자신의 인생에 도움을 준 인물 인터뷰하기	죽음 관련 표현	대기만성 전화위복 파란만장
녹색 성장에 대한 칼럼 읽기	환경 운동 참여를 촉구하는 연설문 쓰기	환경 보호를 홍보하는 노래 개사하기	끝 관련 표현	설상가상 속수무책 자업자득
주거 문화에 대한 잡지 기사문 읽기	주거 형태별 특징에 대한 설명문 쓰기	건축물을 소개하는 해설집 만들기	잠 관련 표현	가가호호 사면초가 사상누각
소설 『아홉 살 인생』 읽기	원작과 영화를 비교해서 비평문 쓰기	소설을 연극 대본으로 각색하기	느낌 관련 표현	대서특필 유언비어 일맥상통

교재 구성과 사용법

- 『이화 한국어 6』은 10과로 이루어져 있습니다.
- 각 단원은 Part 1, 2, 3으로 구성되어 있습니다. Part 1, 2는 문법, 말하기, 듣기, 읽기, 쓰기를 학습하는 부분이며, Part 3은 학습자가 주도적으로 과제를 수행하고 어휘 확장, 사자성어를 학습하는 부분입니다.

단원 구성

단원 표지

사진 자료로 단원의 내용을 알 수 있도록 보여 줍니다.

단원의 학습 내용과 목표를 알려 줍니다.

Part1

준비합시다와 들어 봅시다, 말해 봅시다로 구성되어 있습니다. 준비합시다에서 2개의 문법을 학습하고, 들어 봅시다에서 인터뷰, 대담, 강의, 강연 등 실제적인 듣기 과제를 연습해 봅니다. 말해 봅시다에서 토의, 토론, 발표 등 말하기 과제를 연습해 봅니다.

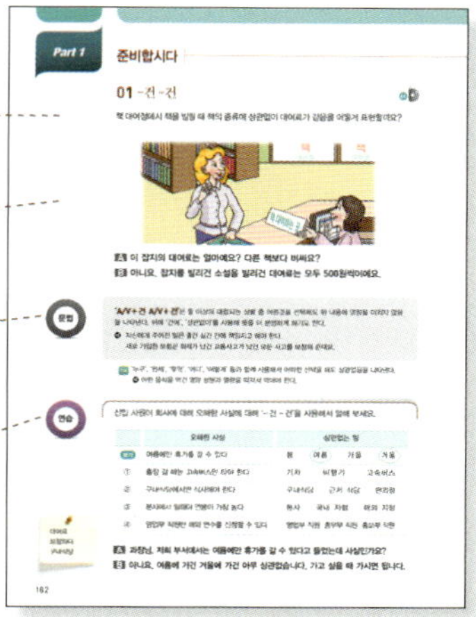

문법을 학습하기 전에 학생이 문법의 쓰임과 의미에 대해 생각해 볼 수 있도록 간단한 질문을 제시했습니다.

상황이 있는 그림과 예문으로 문법이 언제, 어떻게 사용되는지를 알려 줍니다.

문법의 의미(쓰임)를 명확하게 알 수 있도록 설명을 제시했으며 결합 정보와 전형적으로 사용되는 구체적인 예문을 제시했습니다. (N=명사, A=형용사, V=동사)

문법 연습을 말하기 활동으로 제시했습니다. 연습 방법을 알 수 있도록 지시문과 〈보기〉를 제시했습니다.

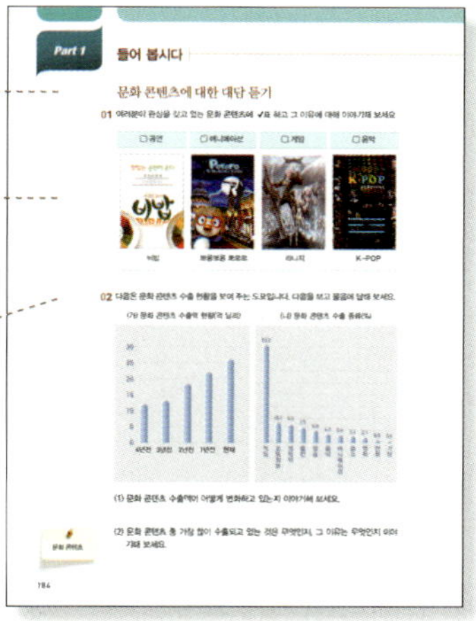

각 과마다 다양한 유형의 듣기 과제를 제시했습니다.

듣기 전 단계에서 활용하는 사진, 삽화, 도표, 만화, 주제와 관련된 질문 등 다양한 자료입니다. 들을 내용을 예측하는 데 도움이 됩니다.

듣기 전 단계에서 활용하는 핵심 어휘나 표현과 관련된 질문입니다. 들을 내용과 관련된 어휘나 표현을 확인하는 데 도움이 됩니다.

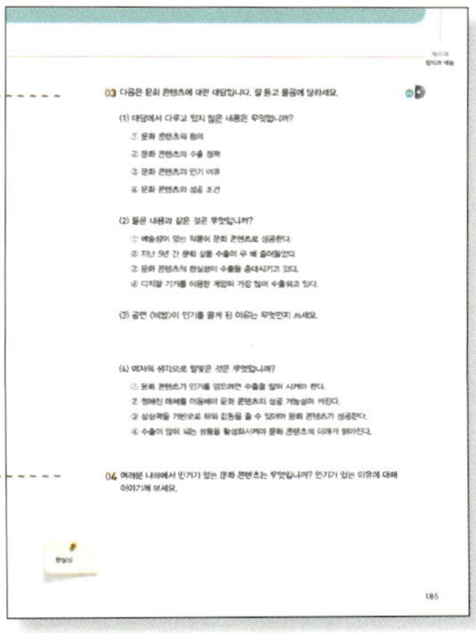

듣기 단계에서 활용하는 이해 확인 문제입니다. 무엇에 중점을 두고 들어야 하는지를 안내해 줍니다.

들은 후 단계에서 활용할 주제 관련 내용에 대한 질문입니다. 들은 내용과 관련된 주제에 대해 자신의 경험이나 생각을 표현해 보는 활동입니다.

말하기 도입 단계에서 활용할 사진, 삽화, 만화, 주제와 관련된 질문 등 다양한 자료입니다. 주제에 대해 흥미를 가지고 좀 더 쉽게 접근하는 데 도움이 됩니다.

말하기 도입 단계에서 활용할 주제 관련 사례입니다. 주제에 대한 정보를 얻고 말하기 주제를 도입하는 데 도움이 됩니다.

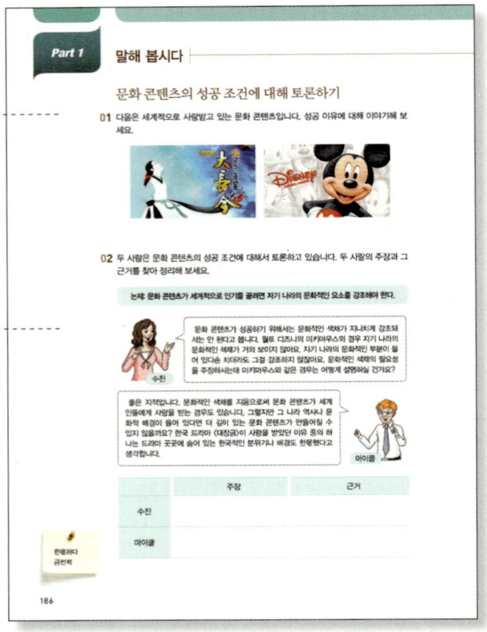

Part 1 말해 봅시다

문화 콘텐츠의 성공 조건에 대해 토론하기

01 다음은 세계적으로 사랑받고 있는 문화 콘텐츠입니다. 성공 이유에 대해 이야기해 보세요.

02 두 사람은 문화 콘텐츠의 성공 조건에 대해서 토론하고 있습니다. 두 사람의 주장과 그 근거를 찾아 정리해 보세요.

논제: 문화 콘텐츠가 세계적으로 인기를 끌려면 자기 나라의 문화적인 요소를 강조해야 한다.

수진: 문화 콘텐츠가 성공하기 위해서는 문화적인 색채가 지나치게 강조돼서는 안 된다고 봅니다. 월트 디즈니의 미키마우스의 경우 자기 나라의 문화적인 색채가 거의 보이지 않아요. 자기 나라의 문화적인 부분이 들어 있다손 치더라도 그걸 강조하지 않잖아요. 문화적인 색채의 필요성을 주장하시는데 미키마우스와 같은 경우는 어떻게 설명하실 건가요?

마이클: 좋은 지적입니다. 문화적인 색채를 지움으로써 문화 콘텐츠가 세계인들에게 사랑을 받는 경우도 있습니다. 그렇지만 그 나라 역사나 문화적 배경이 들어 있다면 더 깊이 있는 문화 콘텐츠가 만들어질 수 있지 않을까요? 한국 드라마 〈대장금〉이 사랑을 받았던 이유 중의 하나는 드라마 곳곳에 숨어 있는 한국적인 분위기나 배경도 한몫했다고 생각합니다.

	주장	근거
수진		
마이클		

한몫하다
금전적

186

말하기 주제에 대해 의견을 나누어 보거나 관련 자료를 찾아 정리해 보면서 자신의 입장을 정합니다.

말하기 주제에 대해 토의, 토론, 발표 등을 해 봅니다.

말하기 활동 시 활용할 수 있는 기능 표현입니다. 말하기 과제에 맞는 예문을 제시하여 실제 말하기 활동에서 활용할 수 있도록 했습니다.

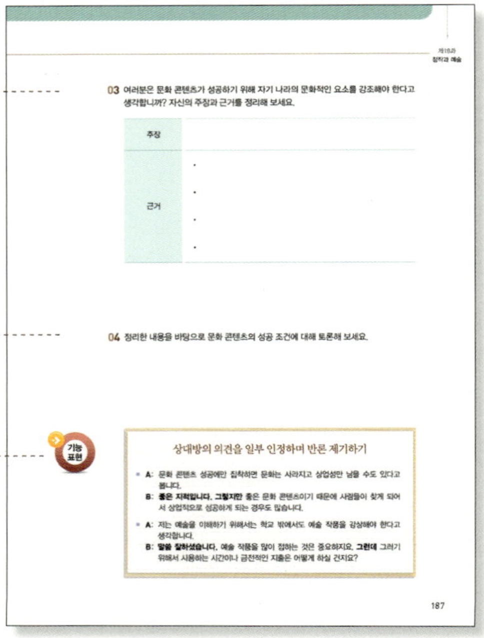

제19과 창작과 예술

03 여러분은 문화 콘텐츠가 성공하기 위해 자기 나라의 문화적인 요소를 강조해야 한다고 생각합니까? 자신의 주장과 근거를 정리해 보세요.

주장	
근거	• • • •

04 정리한 내용을 바탕으로 문화 콘텐츠의 성공 조건에 대해 토론해 보세요.

기능 표현

상대방의 의견을 일부 인정하며 반론 제기하기

- A: 문화 콘텐츠 성공에만 집착하면 문화는 사라지고 상업성만 남을 수도 있다고 봅니다.
  B: **좋은 지적입니다. 그렇지만** 좋은 문화 콘텐츠이기 때문에 사람들이 찾게 되어서 상업적으로 성공하게 되는 경우도 많습니다.
- A: 저는 예술을 이해하기 위해서는 학교 밖에서도 예술 작품을 감상해야 한다고 생각합니다.
  B: **말씀 잘하셨습니다.** 예술 작품을 많이 접하는 것은 중요하지요. **그런데** 그러기 위해서 사용하는 시간이나 금전적인 지출은 어떻게 하실 건지요?

187

Part2 준비합시다와 읽어 봅시다, 써 봅시다로 구성되어 있습니다. 준비합시다에서 1개의 문법을 학습하고, 읽어 봅시다에서 기사문, 투고문, 칼럼, 설명문, 소설 등 읽기 과제를 연습해 봅니다. 써 봅시다에서 답사기, 연설문, 자전적 에세이, 투고문, 칼럼, 설명문, 건의문 등 쓰기 과제를 연습해 봅니다.

문법을 학습하기 전에 학생이 문법의 쓰임과 의미에 대해 생각해 볼 수 있도록 간단한 질문을 제시했습니다.

상황이 있는 그림과 예문으로 문법이 언제, 어떻게 사용되는지를 알려 줍니다.

문법의 의미(쓰임)를 명확하게 알 수 있도록 설명을 제시했으며, 결합 정보와 전형적으로 사용되는 구체적인 예문을 제시했습니다. (N=명사, A=형용사, V=동사)

문법 연습을 말하기 활동으로 제시했습니다. 연습 방법을 알 수 있도록 지시문과 〈보기〉를 제시했습니다.

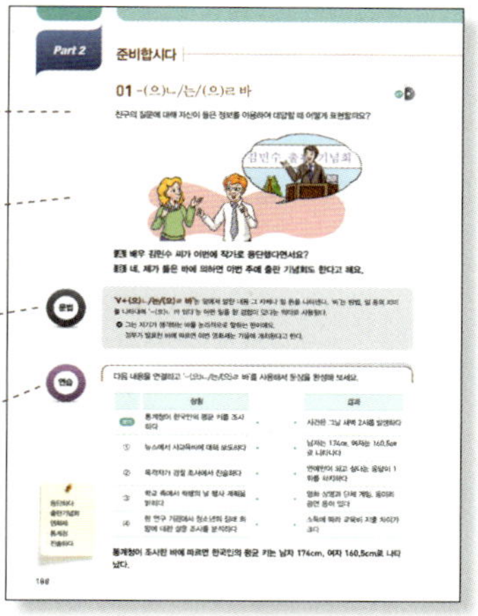
Part 2 준비합시다
01 -(으)ㄴ/는/(으)ㄹ 바

읽기 전 단계에서 활용할 사진, 삽화, 도표, 주제와 관련된 질문 등 다양한 자료입니다. 글의 장르와 관련된 정보를 얻고 읽을 내용을 예측하는 데 도움이 됩니다.

읽기 전 단계에서 활용할 핵심 어휘나 표현과 관련된 질문입니다. 읽을 내용과 관련된 어휘나 표현을 확인하는 데 도움이 됩니다.

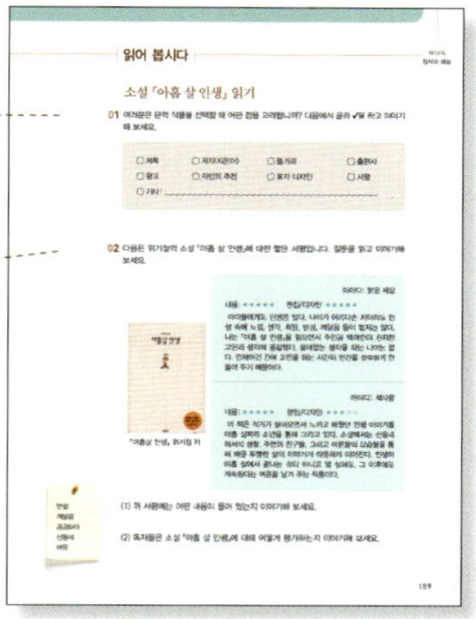
읽어 봅시다
소설 「아홉 살 인생」 읽기

다양한 유형의 글을 읽기 자료로 제시했습니다.

Part 2 읽어 봅시다

읽기 단계에서 활용할 이해 확인 문제입니다.

읽은 후 단계에서 활용할 주제 관련 내용에 대한 질문입니다. 읽은 내용과 관련된 주제에 대해 자신의 경험이나 생각을 표현해 보는 활동입니다.

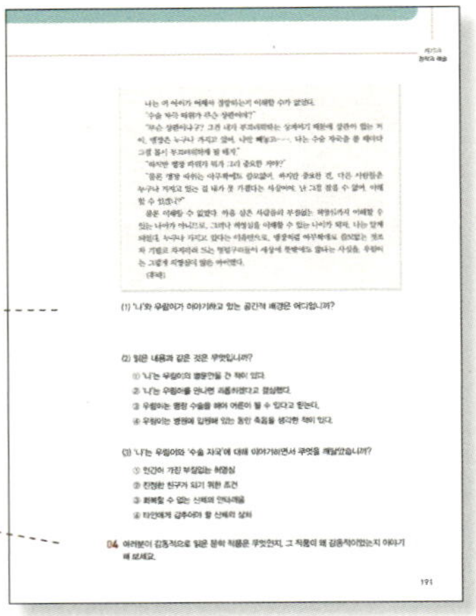

각 과마다 다양한 장르의 쓰기 과제를 제시했습니다.

쓰기 전 단계에서 활용할 보기 글입니다. 글의 구성상 특징을 파악하는 데 도움이 됩니다.

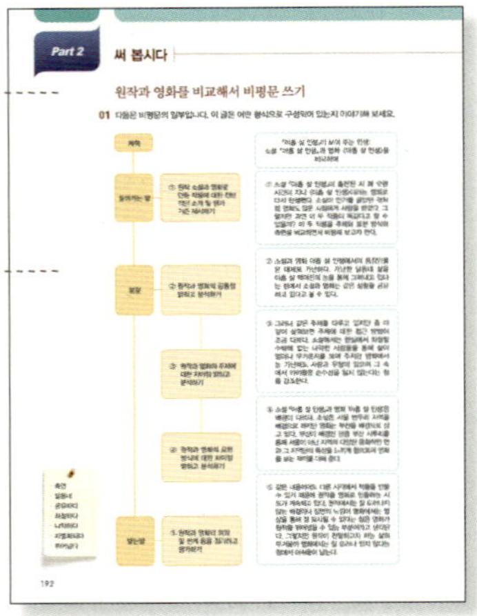

글을 쓰기 전에 의견이나 관련 정보를 정리해 보면서 쓸 내용을 미리 계획합니다.

개요를 작성해 보고 작성한 개요를 바탕으로 보기 글과 유사한 장르의 글을 써 봅니다.

쓰기 과제 수행의 평가와 관련된 질문입니다. 쓰기 과제를 수행한 후 활동 목표를 달성했는지 알아보는 데 도움이 됩니다.

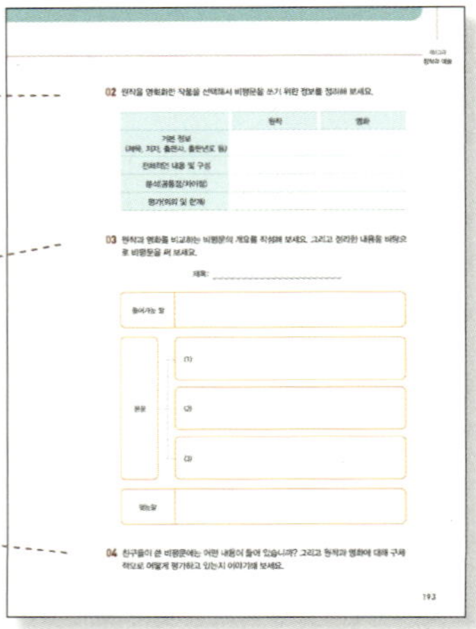

Part3 과제 활동과 어휘 확장, 사자성어로 구성되어 있습니다.

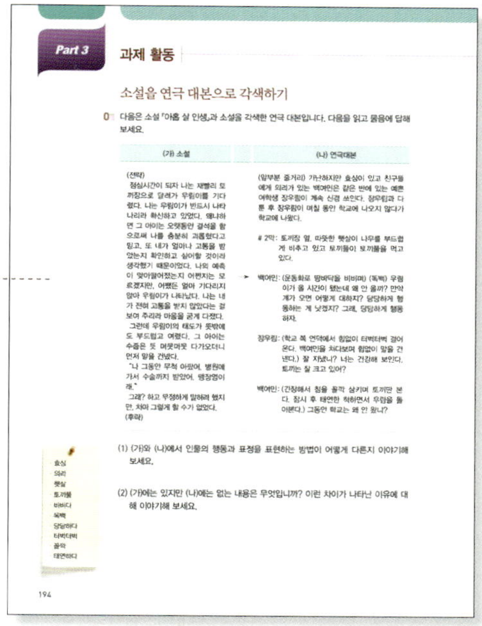

과제 결과물의 예입니다. 자료를 종합하고 분석하면서 과제 활동의 특징을 파악하는 데 도움이 됩니다.

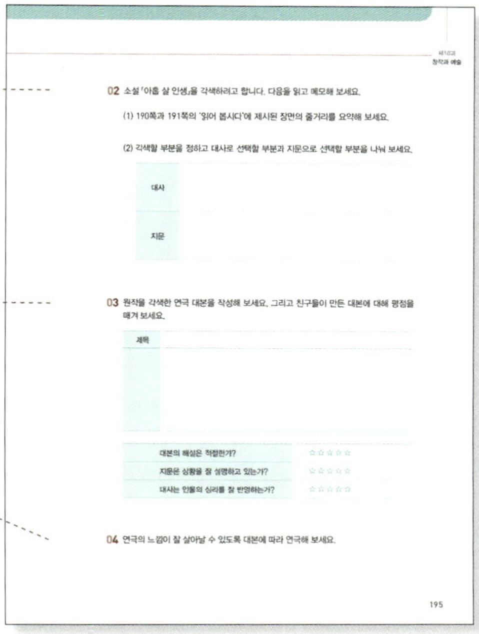

과제 활동에 대해 의견을 나누어 보거나 관련 자료를 찾아 정리해 보면서 결과물의 내용을 정합니다.

과제 결과물을 만들어 봅니다. 필요한 경우에는 예를 제시했습니다.

과제 활동 수행의 평가와 관련된 질문입니다. 과제 결과물에 대한 소개와 평가를 통해 활동 목표를 달성했는지 알아보는 데 도움이 됩니다.

주제와 관련된 표현을 제시했습니다. 어휘력을 늘리는 데 도움이 됩니다.

학습한 표현의 이해 확인 연습입니다.

학습한 표현을 사용하여 자신의 경험이나 생각을 표현해 보는 활동입니다.

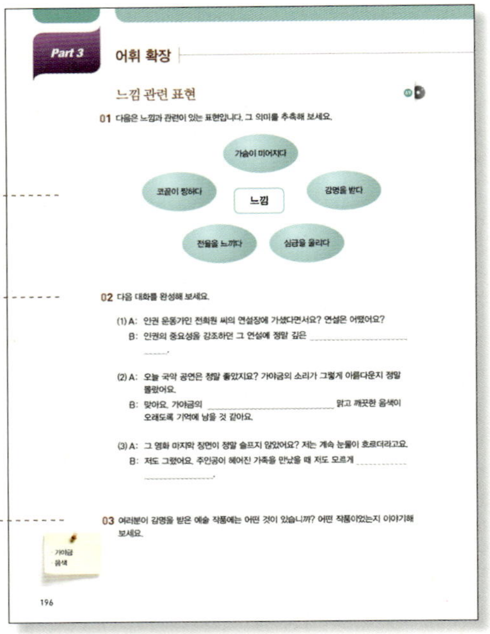
Part 3 어휘 확장

느낌 관련 표현

01 다음은 느낌과 관련이 있는 표현입니다. 그 의미를 추측해 보세요.

02 다음 대화를 완성해 보세요.

(1) A: 인권 운동가인 전희원 씨의 연설장에 가셨다면서요? 연설은 어땠어요?
B: 인권의 중요성을 강조하던 그 연설에 정말 깊은 ________.

(2) A: 오늘 국악 공연은 정말 좋았지요? 가야금의 소리가 그렇게 아름다운지 정말 몰랐어요.
B: 맞아요. 가야금의 ________ 맑고 깨끗한 음색이 오래도록 기억에 남을 것 같아요.

(3) A: 그 영화 마지막 장면이 정말 슬프지 않았어요? 저는 계속 눈물이 흐르더라고요.
B: 저도 그랬어요. 주인공이 헤어진 가족을 만났을 때 저도 모르게 ________.

03 여러분이 감명을 받은 예술 작품에는 어떤 것이 있습니까? 어떤 작품이었는지 이야기해 보세요.

· 가야금
· 음색

196

단원의 주제와 관련된 사자성어를 제시했습니다. 표현력을 늘릴 수 있고 언어 속에서 문화적인 요소도 배울 수 있습니다.

사자성어가 포함된 예문입니다. 사자성어의 의미와 사용 방법을 이해하는 데 도움이 됩니다.

사자성어의 의미를 확인하는 연습입니다.

학습한 사자성어의 이해 확인 연습입니다.

학습한 사자성어를 사용하여 자신의 경험이나 생각을 표현해 보는 활동입니다.

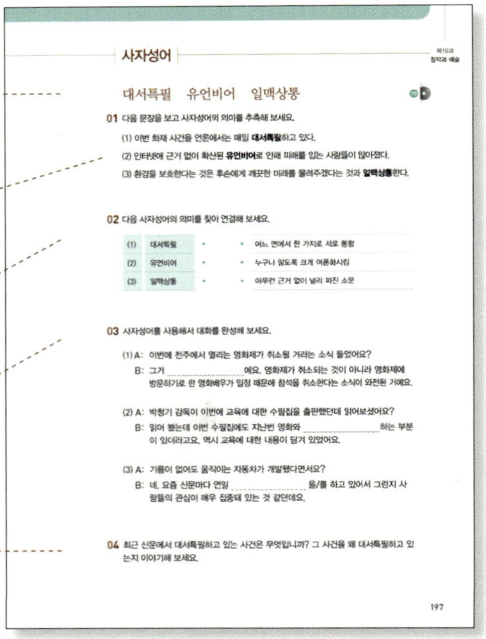
사자성어

제10과 창작과 예술

대서특필 유언비어 일맥상통

01 다음 문장을 보고 사자성어의 의미를 추측해 보세요.

(1) 이번 화재 사건을 언론에서는 매일 **대서특필**하고 있다.
(2) 인터넷에 근거 없이 확산된 **유언비어**로 인해 피해를 입는 사람들이 많아졌다.
(3) 환경을 보호한다는 것은 후손에게 깨끗한 미래를 물려주겠다는 것과 **일맥상통**한다.

02 다음 사자성어의 의미를 찾아 연결해 보세요.

(1)	대서특필	•	• 어느 면에서 한 가지로 서로 통함
(2)	유언비어	•	• 누구나 알도록 크게 여론화시킴
(3)	일맥상통	•	• 아무런 근거 없이 널리 퍼진 소문

03 사자성어를 사용해서 대화를 완성해 보세요.

(1) A: 이번에 전주에서 열리는 영화제가 취소될 거라는 소식 들었어요?
B: 그거 ________예요. 영화제가 취소되는 것이 아니라 영화제에 방문하기로 한 영화배우가 일정 때문에 참석을 취소한다는 소식이 와전된 거예요.

(2) A: 박청기 감독이 이번에 교육에 대한 수필집을 출판했던데 읽어보셨어요?
B: 읽어 봤는데 이번 수필집에도 지난번 영화와 ________하는 부분이 있더라고요. 역시 교육에 대한 내용이 담겨 있었어요.

(3) A: 기름이 없어도 움직이는 자동차가 개발됐다면서요?
B: 네. 요즘 신문마다 연일 ________을/를 하고 있어서 그런지 사람들의 관심이 매우 집중돼 있는 것 같던데요.

04 최근 신문에서 대서특필하고 있는 사건은 무엇입니까? 그 사건을 왜 대서특필하고 있는지 이야기해 보세요.

197

주요 인물

Main Characters
ELC = Ewha Language Center
마이클 미국인
ELC 학생, 회사원
이치로 일본인
ELC 학생
요코 일본인
ELC 학생
율리아 러시아인
ELC 학생, 주부
나타샤 러시아인
ELC 학생, 주부
김수진 한국인
대학생
박영민 한국인
회사원(이화무역)
왕카이 중국인
ELC 학생
미셸 프랑스인
ELC 학생
줄리앙 프랑스인
ELC 학생
티엔 베트남인
ELC 학생

제1과

개인과 사회

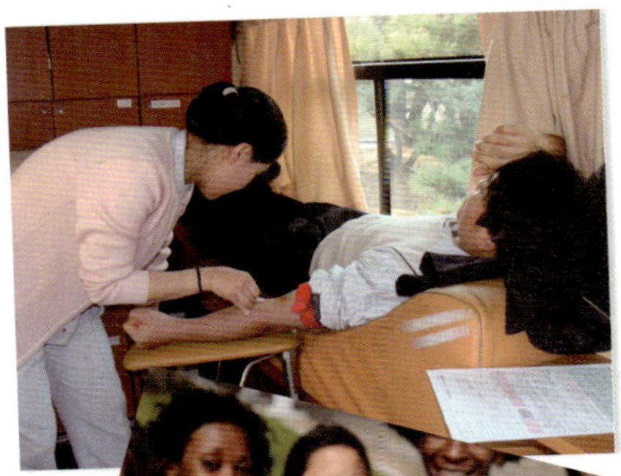

제 1 과 개인과 사회

Part 1	준비합시다	1 -(으)ㄴ/는 감이 있다 2 -(으)련마는
	들어 봅시다	재능 기부에 대한 인터뷰 듣기
	말해 봅시다	사회에 기여한 사례에 대해 발표하기
Part 2	준비합시다	1 -(으)ㄴ들
	읽어 봅시다	투표 참여에 대한 투고문 읽기
	써 봅시다	헌혈 참여에 대한 투고문 쓰기
Part 3	과제 활동	사회 참여를 촉구하는 라디오 캠페인 만들기
	어휘 확장	시작 관련 표현
	사자성어	동병상련 솔선수범 십시일반

Part 1

준비합시다

01 -(으)ㄴ/는 감이 있다

1

봉사 활동에 지원한 사람 수가 적다는 생각을 조심스럽게 말할 때 어떻게 표현할까요?

A 봉사 활동 지원자는 많은가요?

B 글쎄요. 신청 기간이 며칠 남기는 했지만 지난번에 비해서 좀 적은 감이 있네요.

문법

'A/V+(으)ㄴ/는 감이 있다'는 어떤 생각을 하고 있지만 확실하게 단정하지는 않음을 나타낸다.

예 출발 하루 전에 숙소 예약을 하는 건 늦은 감이 있다.
신입 사원 보라 씨는 자신의 의견을 말할 때면 상사의 눈치를 살피는 감이 있어요.

연습

친구의 결혼식 준비에 대한 여러분의 생각을 '-(으)ㄴ/는 감이 있다'를 사용해서 이야기해 보세요.

	결혼식: 5월 4일 12:00	
보기	청첩장 주문	수량 – 50장
①	가전제품 구입	쇼핑 날짜 – 1월 10일
②	신혼여행 예약	일정 – 20박 21일 유럽 여행
③	결혼식 꽃 장식 주문	종류 및 수량 – 장미꽃 1,000송이
④	신혼집 대청소 및 도배	일시 – 5월 2일 7:00

A 청첩장은 50장만 주문하려고 하는데, 괜찮겠지요?

B 글쎄요. 50장은 너무 적은 감이 있는데요. 부모님이 초대하시려는 분들께도 청첩장을 보내 드려야 하니까요.

· 지원하다
· 청첩장
· 수량
· 도배

02 -(으)련마는

발표를 할 때 긴장하지 않고 잘하기를 기대했지만 실제로는 그렇지 않음을 어떻게 표현할까요?

A **오늘 발표 잘했어요?**

B **아니요. 긴장하지 않았으면 좋았으련마는 긴장한 탓인지 실수를 많이 한 것 같아요.**

문법

'A/V+(으)련마는'은 어떤 조건이 충족된 상황을 기대하며 가정하지만 실제로는 그렇지 않음을 나타낸다. '-(으)련만'으로 줄여 쓸 수 있다.

예 미셸은 하루 종일 돌아다녀서 피곤하련마는 또 친구들을 만나러 나갔어요.
영민은 꾸준히 저축을 했으니 돈을 꽤 모았으련마는 여전히 돈이 없다고 푸념한다.

연습

기대와 다른 현실에 대해 '-(으)련마는'을 사용해서 말해 보세요.

	기대했던 내용	실제 상황
보기	내일 맑으면 해 뜨는 모습을 볼 수 있다	내일 흐리다고 하니 해 뜨는 모습을 보기는 힘들다
①	올해 경기가 좋으면 신입 사원을 많이 뽑다	경제 사정이 좋지 않아서 사람을 적게 뽑다
②	월급이 오르면 차를 새로 사다	지금 월급으로 새 차를 사는 것은 무리다
③	일이 빨리 끝나면 영화를 보러 가다	업무가 밀려서 짬을 낼 수 없다
④	30분만 일찍 집에서 나왔으면 무사히 비행기를 탔다	공항에 도착했더니 비행기가 이미 떠나 버렸다

· 푸념하다

A **내일 해 뜨는 모습을 볼 수 있을까요?**

B **맑으면 해 뜨는 모습을 볼 수 있으련마는 내일 흐리다고 하니 힘들 것 같아요.**

Part 1

들어 봅시다

재능 기부에 대한 인터뷰 듣기

01 각자가 가진 재능을 사회와 이웃을 위해 기부하는 것을 재능 기부라고 합니다. 다음을 보고 물음에 답해 보세요.

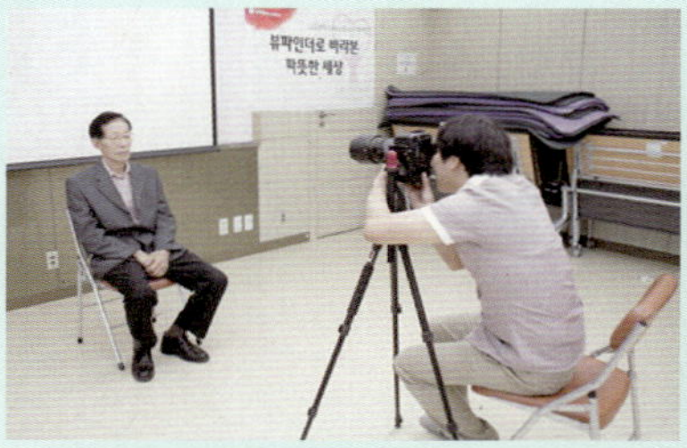

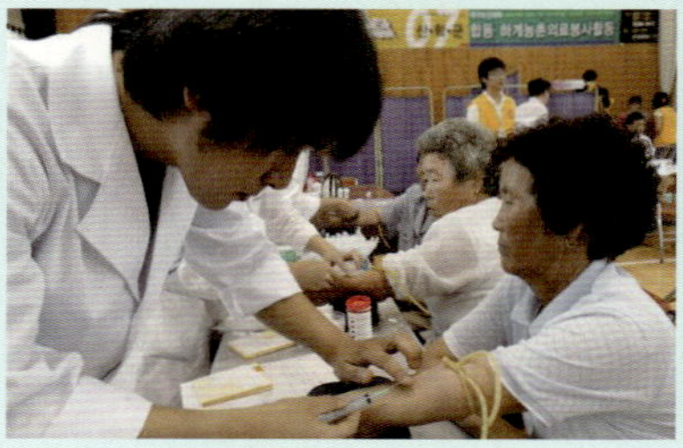
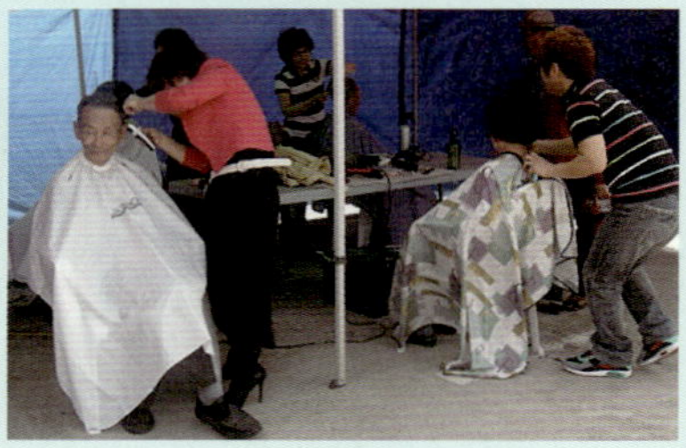

(1) 위의 활동들은 어떤 재능 기부인지, 이 활동에 참여하기 위해서 어떤 재능이 필요한지 이야기해 보세요.

(2) 이외에 어떤 재능을 기부할 수 있을지 이야기해 보세요.

02 다음은 시각장애인을 위한 재능 기부의 방법들입니다. 여러분이 해 보고 싶은 것은 무엇인지 ✔표 하고 그 이유를 이야기해 보세요.

- ☐ 점자 책 만들기
- ☐ 시각장애인에게 운동 가르치기
- ☐ 시각장애를 가진 학생의 공부 돕기
- ☐ 책을 낭독, 녹음하여 음성 파일 형태로 책 만들기
- ☐ 기타: ______________________

· 재능 기부
· 시각장애인
· 점자
· 시각장애
· 낭독
· 음성

03 다음은 재능 기부에 대한 인터뷰입니다. 잘 듣고 물음에 답하세요. 3

(1) 두 사람은 무엇에 대해 이야기하고 있습니까?

① 재능 기부에 참여하기 위한 자격 조건
② 시각장애인을 위한 점자 책 제작의 중요성
③ '시각장애인복지관'의 설립 취지와 활동 사례
④ 시각장애인을 위한 재능 기부의 종류와 참여 방법

(2) 여자가 목소리 기부에 동참하게 된 계기는 무엇입니까?

(3) '시각장애인복지관'의 활동으로 알맞지 않은 것은 무엇입니까?

① 책의 내용을 점자 형식으로 입력해서 점자 책 제작
② 대중의 관심과 참여를 유도하기 위한 홍보 영상 제작
③ 책의 내용을 낭독, 녹음해서 음성 파일 형태로 책 제작
④ 자원봉사 희망자의 자격증 취득을 위한 무료 강좌 개설

(4) '시각장애인복지관'의 활동에 참여하려면 어떻게 해야 합니까?

인터넷 검색창에서 '시각장애인복지관' 검색 → [ ] → [ ] → [ ] → 활동 참여

· 영상
· 강좌
· 개설
· 검색창

04 여러분의 재능은 무엇입니까? 여러분은 어떤 분야에 재능을 기부할 수 있는지 이야기해 보세요.

말해 봅시다

사회에 기여한 사례에 대해 발표하기

01 단체나 개인이 사회에 기여할 수 있는 방법은 무엇입니까? 어떤 방법이 있는지, 그 방법이 사회에 어떤 영향을 줄 수 있는지 이야기해 보세요.

02 다음은 사회에 기여한 사례에 대한 설명입니다. 다음을 읽고 표를 완성해 보세요. 그리고 단체나 개인이 사회에 기여한 활동에 대해 이야기해 보세요.

한마음전자는 1981년 '예술이 사회의 미래를 풍요롭게 한다'는 취지 아래 사회 환원 활동을 본격적으로 시작했다. 초창기에 한마음전자는 예술 분야의 인재를 발굴하여 그들에게 장학금을 지급하는 방식으로 사회 환원 활동을 진행했다. 그러나 점차 장학금 지급뿐만 아니라 그들에 대한 다방면의 지원이 병행되어야 한다는 것을 깨닫고 지원의 폭을 넓혔다. 따라서 현재는 경제적인 능력이 없는 음악인들을 위해 고가의 악기를 무상으로 임대해 주거나 연주회 비용을 지원해 주기도 하고 재능 있는 미술가들을 위해 전시회를 개최해 주기도 한다. 또한 다양한 예술 교육 프로그램을 운영하여 어린 인재를 육성하는 활동 역시 활발하게 진행하고 있다.

한비야는 35세에 몸담았던 안정적인 직장을 그만두고 세계 오지로의 여행을 시작했다. 여행지 곳곳에서 가난, 질병, 재해, 전쟁, 처참한 관습 등으로 고통받는 사람들을 만나게 되면서 그들을 위한 지원과 구호 활동에 뛰어들게 되었다. 2001년부터 2009년까지 국제구호개발기구 월드비전의 국제구호팀장을 맡기도 하는 등 현재까지도 소외된 사람들에 대한 구호 활동을 열정적으로 펼치고 있다. 또한 여행 경험을 꾸준히 책으로 펴냄으로써 자신의 개인적인 경험을 대중과 공유하는 방법으로 사회 환원을 실천하고 있다. 지구촌이 아니라 '지구집'이라는 용어를 사용하면서 전 세계가 하나의 공동체이며 각 개인은 세계 시민으로서의 역할을 수행해야 함을 강조하여 많은 사람의 공감을 얻고 있다.

- 풍요롭다
- 취지
- 초창기
- 인재
- 발굴하다
- 환원
- 다방면
- 병행되다
- 몸담다
- 오지
- 재해
- 처참하다
- 지구촌

명칭	한마음전자	한비야
분야	교육 및 문화/예술	자선 및 재난 구호
방법	• 예술 분야 인재에게 장학금 지급 • • • •	• • •

03 여러분 나라에 크게 기여하고 영향을 끼친 단체나 인물이 있습니까? 단체나 인물을 정하고 그 사례에 대해 정리해 보세요.

명칭	
분야	
선정 이유	
방법	

04 정리한 내용을 바탕으로 사회에 기여한 사례에 대해 발표해 보세요.

기능 표현

발표 내용의 개요 소개하기

- **본격적인 발표에 앞서 발표의 순서를 간단히 말씀드리겠습니다. 먼저** 발표할 기업에 대해 간단히 말씀드리고 **다음으로** 구체적인 활동 방법을, **마지막으로** 그 활동이 사회에 미친 영향에 대해 말씀드리겠습니다.
- **먼저** 현재 사회에 기여하기 위해 개인이 주로 하고 있는 방법이 무엇인지**에 대해 간략하게 살펴본 다음에** 앞으로는 어떤 식으로 진행될지**에 대해 알아보겠습니다.**
- **이 발표에는 첫째** 현재 진행 상황, **둘째** 그 원인, **셋째** 해결 방안**이라는 세 가지 사항이 포함되어 있습니다.**

Part 2

준비합시다

01 -(으)ㄴ들

돈이 많다고 해도 좋은 일에 쓰지 않으면 소용이 없음을 어떻게 말할까요?

A **불우 이웃 돕기 성금을 많이 내셨다면서요? 정말 대단하세요.**

B **뭘요. 아무리 돈이 많은들 좋은 일에 쓰지 않으면 무슨 소용이 있겠어요?**

문법

'A/V+(으)ㄴ들'은 어떤 상황을 가정하여 인정한다고 해도 그 결과가 예상과 다름을 나타낸다. 뒷부분에는 주로 강한 추측 표현이나 의문문이 사용된다.

예 강이 아무리 넓은들 바다보다 넓겠어요?
민수가 노래를 못한들 음치인 저보다야 잘하겠지요.

연습

예상되는 결과에 대해 '-(으)ㄴ들'을 사용해서 말해 보세요.

	상황	가정	예상되는 결과
보기	조깅하다가 발목을 삐다	얼음찜질을 하다	치료를 받지 않으면 낫지 않다
①	내일 중요한 시험이 있다	밤새워 공부하다	벼락치기를 하면 기억이 잘 안 나다
②	요즘 체력이 달려서 힘들다	영양제를 먹다	영양가 있는 음식을 먹지 않으면 소용없다
③	어제 산 화장품의 향이 마음에 들지 않다	화장품을 바꾸러 가다	개봉해 버린 것을 교환해 주지 않다
④	결석을 해서 필기를 못 했다	친구의 공책을 빌리다	직접 설명을 듣지 않으면 이해하기 어렵다

A **조깅하다가 발목을 삐었는데 얼음찜질을 해야겠어요.**

B **얼음찜질을 한들 병원에 가서 치료를 받지 않으면 낫겠어요?**

· 얼음찜질
· 벼락치기
· 체력이 달리다

읽어 봅시다

투표 참여에 대한 투고문 읽기

01 다음은 한국의 연령대별 투표율을 보여 주는 도표입니다. 다음을 보고 물음에 답해 보세요.

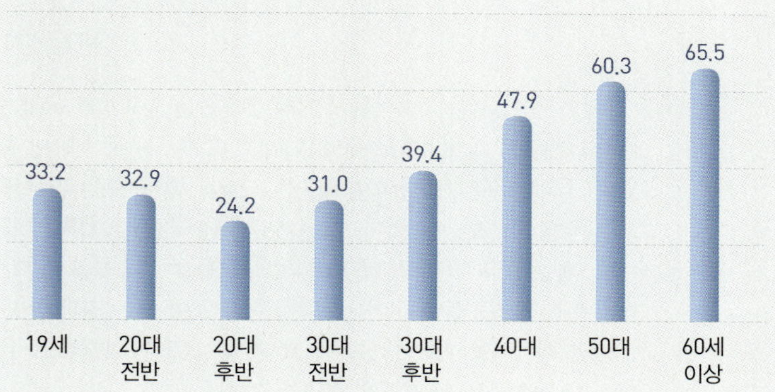

* 총 투표자수: 1,745,675 * 총 투표율: 46.1%

(1) 어느 연령대의 투표율이 가장 높고 어느 연령대의 투표율이 가장 낮은지, 그 이유는 무엇일지 이야기해 보세요.

(2) 투표율이 전반적으로 높은 편입니까, 아니면 낮은 편입니까? 여러분 나라의 투표율과 비교해서 이야기해 보세요.

02 투표율을 높이기 위한 효과적인 방법은 무엇일까요? ✓표 하고 그 이유를 이야기해 보세요.

- ▢ 현재 단 하루에 진행되는 투표일을 2~3일로 늘린다.
- ▢ 날씨를 정확히 예측하여 날씨가 좋은 날을 투표일로 정한다.
- ▢ 부재자 투표를 위한 투표소를 늘리고 투표 절차를 간소화한다.
- ▢ 사회관계망서비스(SNS)를 통해 유권자들에게 투표 정보를 제공한다.
- ▢ 기타: ______________________

· 연령대
· 투표율
· 투표일
· 투표소
· 부재자
· 간소화하다
· 사회관계망 서비스(SNS)
· 유권자

03 투표 참여에 대한 투고문입니다. 잘 읽고 물음에 답하세요. 5

독자 투고

20대가 투표에 참여해야 사회가 바뀐다

김민철(선거관리위원회 위원)

얼마 전 실시된 국회의원 선거의 투표율을 살펴보면 60세 이상이 65.5%, 50대가 60.3%로 상대적으로 높았고 40대 47.9%, 30대 후반이 39.4% 순으로 나타났다. 그러나 20대 전반의 투표율은 32.9%, 20대 후반의 투표율은 불과 24.2%로 상당히 저조한 편이었다. 이는 첫 선거를 치른 19세의 투표율보다 낮은 수치이다. 물론 이전과 비교하면 20대의 투표율이 상승세를 타고 있는 것은 고무적이지만 여전히 이들이 선거에 무관심함을 보여 주는 결과이다. 간혹 선거에 대해 20대와 이야기할 기회가 있는데 그때마다 그들은 나름대로 선거에 관심이 가지 않는 몇 가지 이유와 사정을 설명하곤 한다.

먼저 그들은 '그 나물에 그 밥'이라 투표를 하고 싶지 않다고 말한다. 여기에는 누가 당선되더라도 선거 때 내건 공약은 제대로 지켜지지 않을 것이며 어느 후보가 당선되더라도 사회는 바뀌지 않을 거라는 깊은 불신이 담겨 있다. 그러나 이렇게 정치와 정치인을 불신한다면 더더욱 투표를 해야 한다. 투표야말로 정치인들이 가장 두려워하는 것이기 때문이다. 표가 하나일 때 힘은 적지만 그 표가 모이면 엄청난 영향력을 발휘할 수 있다.

다음으로 요즘같이 취업이 하늘의 별따기인 상황에서 자신들의 취업 문제나 경제 문제가 해결되지 않으면 현실적으로 선거에 관심을 갖기 어렵다는 의견이 있다. 그렇다면 자신들의 취업 문제에 관심을 갖고 자신들의 상황을 충분히 대변해 줄 수 있는 후보자에게 투표해서 그 후보자에게 힘을 실어 주어야 한다. 투표하는 노력조차 하지 않고 냉소적인 태도를 고집한다면 해결되는 것은 아무것도 없다.

마지막으로 20대는 학업이나 취직 등의 이유로 외지에 나와 생활하는 경우가 많은데 부재자 투표를 하려면 어려움이 많다고 호소한다. 부재자 투표소를 찾기 힘들뿐더러 절차도 복잡하고 투표 기간도 짧다는 것이 이유이다. 그러나 투표는 약간의 불편함을 기꺼이 감수할 만큼 가치 있고 중요한 일이 아닌가? 사회가 자신을 배려해 주지 않는다고 이런 불만을 늘어놓는 것은 어른스럽지 못하고 설득력도 없어 보인다.

어떤 이유와 사정도 20대의 선거 무관심을 정당화하거나 합리화할 수 없다. 20대의 적극적인 의식 전환이 없는 한 사회의 발전은 기대하기 힘들다. '내가 투표를 한들 얼마나 바뀌겠어?', '공부할 시간도 부족한데 투표에 신경 쓸 시간이 어디 있어?'라는 식으로 생각하는 것은 무책임할 뿐이다. 투표를 해야 사회가 바뀐다는 믿음을 갖고 투표를 통해서 사회에 자신의 의견을 적극적으로 표현하려는 노력이 필요하다.

- 국회의원
- 선거
- 저조하다
- 상승세
- 고무적
- 냉소적
- 외지
- 기꺼이
- 설득력

(1) 이 글의 전개 방식에 대한 설명으로 알맞은 것은 무엇입니까?

① 투표와 관련된 용어에 대한 정의를 내리고 있다.
② 선거 무관심이 발생하게 된 배경을 분류하고 있다.
③ 투표와 관련된 구체적인 자신의 일화를 언급하고 있다.
④ 투표 참여에 대한 다른 견해를 제시하고 이를 반박하고 있다.

(2) 글쓴이의 주장으로 가장 알맞은 것은 무엇입니까?

① 부재자 투표의 절차와 방법이 개선되어야 한다.
② 선거 무관심 현상의 원인부터 정확히 규명해야 한다.
③ 20대는 적극적으로 선거에 관심을 갖고 참여해야 한다.
④ 선거 후보자는 20대를 고려한 선거 공약을 제시해야 한다.

(3) 투표에 대한 20대의 의견과 글쓴이의 의견을 써 보세요.

20대의 의견	글쓴이의 의견
누가 당선되더라도 선거 때 내건 공약은 지켜지지 않을 것이며 어떤 후보가 당선되더라도 사회는 바뀌지 않을 것이다.	정치인이 가장 두려워하는 것은 투표이기 때문에 정치와 정치인을 불신한다면 더더욱 투표해야 한다.

04 여러분 나라에서 젊은 층은 투표에 적극적으로 참여하는 편입니까? 젊은 층의 투표 참여에 대해 이야기해 보세요.

Part 2

써 봅시다

헌혈 참여에 대한 투고문 쓰기

01 다음은 한 외과의사가 헌혈 참여에 대해 쓴 투고문의 일부입니다. 이 글은 어떤 형식으로 구성되어 있는지 이야기해 보세요.

구성	내용	투고문
제목		헌혈은 생명을 나누는 고귀한 행위다
들어가는 말	① 사회 현상을 언급하며 주제 노출하기	① 요즘은 연말연시라서 그런지 어려운 이웃을 돕기 위한 활동이 부쩍 많아진 듯하다. 그러나 헌혈자가 급감하는 시기 역시 12월과 1월, 바로 지금이라는 점은 상당히 모순적으로 느껴진다.
본문	② 자신의 의견 밝히기	② 사람들은 헌혈을 타인에게 베푸는 나눔과 봉사 정도로 여기는 감이 있다. 그러나 헌혈이란 목숨이 위태로운 환자를 치료하고 살리기 위한 필수 조건이다.
	③ 의견을 뒷받침하는 근거 제시하기	③ 필자는 외과의사라는 직업 때문에 위독한 환자들을 종종 보게 된다. 얼마 전에도 응급 환자에게 공급할 혈액을 구하지 못해서 초조해 했던 적이 있었다. 다행히 다른 병원에서 받아온 혈액 덕분에 수술은 예정대로 진행되었지만 그렇지 않았다면 어땠을지 지금 생각해도 아찔하다. 아무리 유능한 의사와 의료 기술이 있은들 혈액이 없었다면 수술이 가능했겠는가?
	④ 상황을 가정하고 그 결과를 예측하며 자신의 의견 강조하기	④ 현재 혈액 보유량은 3일분 내외로 적정 혈액 보유량인 5일분에 미치지 못한다. 이런 추세가 계속된다면 머지 않아 최악의 혈액 부족 사태를 맞이할지도 모른다. 이렇게 된다면 제때 수혈을 받을 수 없어 수술이 연기되거나 환자의 상태가 악화되는 경우도 곳곳에서 발생할 것이다.
맺는말	⑤ 의견 정리하고 마무리하기	⑤ 현재로서 혈액은 인공적으로 만들 수 없고 대체 물질도 존재하지 않는다. 헌혈만이 수혈이 필요한 환자들의 생명을 구할 수 있다. 부디 더 많은 사람이 헌혈을 통해 생명을 살리는 일에 동참해 주기를 기대해 본다.

- 헌혈
- 고귀하다
- 부쩍
- 급감하다
- 베풀다
- 위태롭다
- 필자
- 외과의사
- 위독하다
- 보유량
- 적정
- 인공적
- 부디

02 헌혈이나 장기 기증 참여에 대한 투고문을 쓰려고 합니다. 헌혈과 장기 기증 중에서 주제를 선택하고 그에 대한 자신의 의견을 정리해 보세요.

주제	헌혈 / 장기 기증
의견	
근거	

03 헌혈이나 장기 기증 참여에 대한 투고문의 개요를 작성해 보세요. 그리고 정리한 내용을 바탕으로 투고문을 써 보세요.

제목: ______________________

들어가는 말	
본문	(1)
	(2)
	(3)
맺는말	

04 친구들이 쓴 투고문 중 의견에 대한 근거가 가장 명확하게 제시된 글은 무엇인지 이야기해 보세요.

· 장기

Part 3

과제 활동

사회 참여를 촉구하는 라디오 캠페인 만들기

01 다음은 라디오 캠페인입니다. 다음을 읽고 물음에 답해 보세요.

제목	여러분의 보석을 빛나게 해 주세요 (내레이터: 미용사 박수민)
내레이션	저에게는 보석이 하나 있습니다. 저에게 이 보석은 그 무엇보다 소중합니다. 이 보석은 저한테도, 다른 사람들에게도 기쁨을 줍니다. 그런데 이 보석은 이상하게 상자 속에 꼭꼭 숨겨 놓으면 반짝거리지 않습니다. 제가 도움이 필요한 곳으로 달려가서 누군가를 도울 때 이것은 세상의 어떤 보석보다 아름답게 빛을 발합니다. 저는 양로원에서 미용 봉사를 하고 있는 미용사이고 이 보석은 바로 제 미용 기술입니다. 미용 봉사를 통해 제가 할머니, 할아버지들의 머리를 말끔하게 다듬어 드릴 때 제 미용 기술은 더욱 빛이 발한다는 걸 알게 되었습니다. 여러분, 누구에게나 각자 다른 재능이 한 가지씩은 있습니다. 여러분의 재능은 지금 상자 속에서 빛을 잃고 있습니까, 아니면 찬란하게 반짝거리고 있습니까? 여러분의 재능을 상자에서 꺼내 빛나게 해 주세요. 그러면 이 세상도 환하게 밝아질 겁니다.

(1) 이 글에서 말한 보석과 재능의 공통적인 속성은 무엇인지 정리해 보세요.

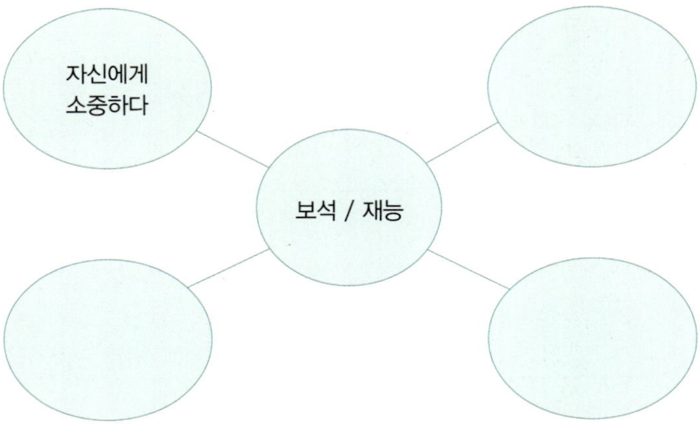

(2) 이 캠페인을 통해 대중에게 촉구하고자 하는 내용은 무엇인지 이야기해 보세요.

- 내레이터
- 내레이션
- 말끔하다
- 다듬다
- 빛을 발하다
- 찬란하다
- 환하다
- 속성

02 사회 참여를 촉구하는 라디오 캠페인을 만들려고 합니다. 다음을 읽고 정해 보세요.

(1) 캠페인에서 다루고자 하는 활동에 ✔표 하고 그 이유를 이야기해 보세요.

- ▢ 재능 기부
- ▢ 유기 동물 입양
- ▢ 헌혈 및 장기 기증
- ▢ 복지 시설 후원
- ▢ 적극적인 선거 참여
- ▢ 단체 차원의 봉사 활동 활성화
- ▢ 기타: ____________________

(2) 구체적인 캠페인의 내용을 정해 보세요. 그리고 그 내용을 효과적으로 전달할 수 있는 비유적인 단어를 정하고 그 단어의 속성에 대해 정리해 보세요.

내용	
비유적인 단어	
단어의 속성	

03 라디오 캠페인의 내레이션을 작성해 보세요. 그리고 캠페인의 내용이 잘 전달될 수 있도록 발음, 속도, 억양 등에 유의해서 낭독해 보세요.

제목	(내레이터:)
내레이션	

- 유기 동물
- 복지 시설
- 활성화

04 친구들이 만든 캠페인 중 가장 설득력이 있는 것은 무엇인지 이야기해 보세요.

Part 3

어휘 확장

시작 관련 표현

01 다음은 시작과 관련이 있는 표현입니다. 그 의미를 추측해 보세요.

시작

- 발을 들여놓다
- 출발선에 서다
- 서막을 올리다
- 첫 단추를 끼우다
- 운을 떼다

02 다음 대화를 완성해 보세요.

(1) A: 김기철 감독님, 승리를 축하드립니다. 소감 한 말씀 해 주세요.

B: 제가 감독을 맡고 치른 첫 경기라 긴장했었는데 순조롭게 ________________ ____________것 같아서 기분이 좋네요.

(2) A: 나무기업에서 대출을 해 주고 높은 이자를 받는 사업을 시작했대요.

B: 뭐라고요? 왜 갑자기 그런 일에 ______________________________? 기업 이미지에 안 좋은 영향을 미칠 게 뻔한데 말이에요.

(3) A: 다음으로 졸업생들을 위한 교장 선생님의 축하 말씀이 있겠습니다.

B: 졸업은 학교생활의 끝이기도 하지만 사회생활의 시작이기도 합니다. 이러한 시작을 위해 새로운 ______________________________ 여러분 모두에게 희망과 기쁨이 늘 함께하기를 기원합니다.

03 여러분은 새로운 일을 시작하는 출발선에 서면 어떤 각오를 하게 됩니까? 최근에 새로 시작한 일은 무엇인지, 어떤 각오를 다졌는지 이야기해 보세요.

- 뻔하다
- 기원하다

사자성어

동병상련　솔선수범　십시일반

7

01 다음 문장을 보고 사자성어의 의미를 추측해 보세요.

(1) 나도 부모님이 일찍 돌아가셔서 그런지 교통사고로 어머니를 잃은 수잔에게 **동병상련**을 느꼈다.

(2) 민수는 아무리 어려운 일이라도 먼저 나서서 **솔선수범**하니까 따르는 사람들이 많다.

(3) 신입 사원들은 매달 조금씩 **십시일반**으로 돈을 모아서 고아원을 후원하기로 했다.

02 다음 사자성어의 의미를 찾아 연결해 보세요.

(1)	동병상련	•	•	여러 사람이 조금씩 힘을 합치면 한 사람을 돕기 쉬움
(2)	솔선수범	•	•	어려운 처지에 있는 사람끼리 서로 불쌍하게 여김
(3)	십시일반	•	•	남보다 앞장서서 행동하여 몸소 다른 사람의 모범이 됨

03 사자성어를 사용해서 대화를 완성해 보세요.

(1) A: 학생들이 용돈을 쪼개서 양로원에 보낼 성금을 마련하고 있다지요?
B: 네. 다들 ______________(으)로 모아서 벌써 꽤 큰 금액이 됐어요.

(2) A: 이치로 씨와 영민 씨는 언제부터 저렇게 친했어요?
B: 두 사람 모두 최근에 실직해서 서로 ______________(이)라고 가까워졌대요.

(3) A: 리처드 씨는 어떤 사람이에요?
B: 주변 사람들을 먼저 챙기고 힘든 일이 있으면 항상 제일 먼저 발 벗고 나설 정도로 모든 일에 ______________하는 사람이에요.

04 여러분은 동병상련의 마음을 가져 본 적이 있습니까? 언제, 어떤 상황이었는지 이야기해 보세요.

· 몸소

제2과

창의적 사고

제2과 창의적 사고

Part 1	준비합시다	1 (이)나 다름없다 2 -기로서니
	들어 봅시다	창의력에 대한 강의 듣기
	말해 봅시다	고정 관념에서 벗어나기 위한 방법에 대해 토의하기
Part 2	준비합시다	1 -느냐에 달려 있다
	읽어 봅시다	발상의 전환에 대한 설명문 읽기
	써 봅시다	발명의 사례에 대한 설명문 쓰기
Part 3	과제 활동	발명 계획서 만들기
	어휘 확장	변화 관련 표현
	사자성어	격세지감 반신반의 변화무쌍

Part 1

준비합시다

01 (이)나 다름없다

8

아이의 공부를 도와주는 로봇이 선생님과 마찬가지라고 생각될 때 어떻게 말할까요?

A 아이의 공부를 도와주는 로봇을 샀다면서요? 어때요?

B 선생님이나 다름없는 로봇 덕분에 이제는 아이가 혼자서도 즐겁게 공부하게 됐어요.

문법

'N+(이)나 다름없다'는 앞 내용과 뒤 내용을 견주어 봤을 때 같거나 비슷함을 나타낸다.

예 이 구두는 사서 한 번밖에 안 신었으니까 새 구두나 다름없어요.
초등학교 때부터 친하게 지내 온 소라는 나에게 가족이나 다름없다.

연습

다음의 두 상황이 유사함을 '(이)나 다름없다'를 사용해서 말해 보세요.

	실제 상황	유사한 상황
보기	바자회에서 티셔츠를 천 원에 샀다	티셔츠가 공짜다
①	월급은 그대로인데 물가가 많이 올랐다	월급이 줄었다
②	마이클은 일주일에 여섯 번 테니스를 치다	거의 매일 테니스를 치다
③	우리 반에서 요코만 빼고 모두 문화 수업에 참석했다	학생들 대부분이 문화 수업에 참석했다
④	남편은 설거지만 하고 그 외의 집안일은 안 하다	집안일이 거의 다 아내의 몫이다

· 공짜

A 바자회에서 티셔츠를 천 원에 샀어요.

B 그래요? 티셔츠를 천 원에 샀다는 건 티셔츠가 공짜인 거나 다름없어요.

02 -기로서니

아무리 상황이 힘들어도 그것이 사표를 내는 이유가 될 수 없음을 어떻게 표현할까요?

A **회사 일에 집안일까지 다 하다 보니 너무 힘들어. 사표를 낼까 생각 중이야.**

B **아무리 힘들기로서니 회사를 그만둔다는 말을 그렇게 쉽게 하면 어떻게 해?**

문법

'A/V+기로서니'는 앞 내용은 인정하지만 그것이 뒤 내용의 이유나 조건이 될 수 없음을 나타낸다.

예 아무리 커피를 좋아하기로서니 물 대신 커피만 마시면 어떻게 해요?
아무리 시간이 없기로서니 차 한 잔 하기도 힘들어요?

연습

다음 사람들의 행동에 대해 '-기로서니'를 사용해서 말해 보세요.

	이름	이유	행동
보기	마이클	어머니한테 야단을 맞았다	한 달 동안 어머니한테 전화를 안 드렸다
①	유키	갑자기 찐 살 때문에 스트레스를 받다	살이 빠질 때까지 무작정 굶다
②	이치로	어젯밤에 과음을 했다	어젯밤 일을 기억하지 못하다
③	수진	눈코 뜰 새 없이 바쁘다	친구들에게 전혀 연락하지 않다
④	티엔	이틀째 밤을 새워서 피곤했다	수업 시간 내내 엎드려 잤다

A **마이클 씨가 어머니한테 야단을 맞아서 한 달 동안 어머니한테 전화를 안 드렸대요.**

B **뭐라고요? 아무리 어머니한테 야단을 좀 맞았기로서니 어떻게 한 달 동안 어머니한테 전화를 안 드릴 수가 있어요?**

· 무작정

Part 1

들어 봅시다

창의력에 대한 강의 듣기

01 다음 문제를 해결할 수 있는 다양한 방법에 대해 이야기해 보세요.

코끼리를 냉장고에 넣으려고 합니다. 어떤 방법이 있을까요?

02 다음은 창의적인 사람들의 행동 방식과 관련된 항목들입니다. 다음을 보고 물음에 답해 보세요.

	항목	○	×
①	메모하는 습관이 있다.		
②	신제품에 관심이 많다.		
③	혼자 생각하는 시간을 자주 갖는다.		
④	일주일에 한 권 이상의 책을 읽는다.		
⑤	어떤 일에 미친 듯이 열중한 적이 있다.		
⑥	주변의 변화를 남들보다 빨리 알아차린다.		
⑦	대화를 할 때 "왜?"라는 질문을 많이 한다.		
⑧	좋은 생각이 떠오르면 바로 실행에 옮긴다.		
⑨	길을 걷다가 길에서 뭔가를 발견하는 경우가 종종 있다.		
⑩	어려운 과제라도 끝까지 포기하지 않고 해결 방법을 찾는다.		

(1) 위 항목이 여러분의 행동과 일치하면 ○, 다르면 ×에 표시해 보세요. 여러분의 행동과 일치하는 것은 어떤 것이고 다른 것은 어떤 것인지 이야기해 보세요.

· 창의력

(2) 이 결과로 미루어 볼 때 여러분은 스스로가 창의적인 편이라고 생각합니까, 아니면 창의적인 편이 아니라고 생각합니까?

03 다음은 창의력에 대한 강의입니다. 잘 듣고 물음에 답하세요. 10

(1) 이 강의에서 이야기한 내용은 무엇입니까? 모두 고르세요.

① 창의력의 정의
② 창의력 검사 방법
③ 창의력과 뇌의 관계
④ 창의력을 향상시키는 방법

(2) 들은 내용과 같은 것은 무엇입니까?

① 창의력은 타고 나는 것이다.
② 뇌를 쉬게 하면 창의력이 떨어진다.
③ 창의력은 오른쪽 뇌와 관련이 있다.
④ 암기력이 좋은 사람은 창의력이 높다.

(3) 아이의 창의력을 키우기 위한 교육 방법이 아닌 것은 무엇입니까?

① 아이가 실수를 해도 야단을 치지 않는다.
② 아이가 일의 원인에 대해 생각해 보도록 유도한다.
③ 아이에게 매일 규칙적으로 새로운 어휘를 암기하도록 시킨다.
④ 가끔 아이가 아무것도 하지 않고 쉴 수 있는 시간을 갖게 한다.

(4) 창의력을 키우기 위한 방법을 쓰세요.

- 시행착오를 겁내지 말아야 한다.
- ______________________________
- ______________________________
- ______________________________

04 여러분은 주변에 창의적이라고 생각되는 사람이 있습니까? 어떤 점에서 그렇다고 생각합니까? 그렇게 느끼게 된 계기나 경험을 이야기해 보세요.

- 뇌
- 유도하다

Part 1

말해 봅시다

고정 관념에서 벗어나기 위한 방법에 대해 토의하기

01 다음은 고정 관념과 관련된 만화입니다. 다음을 보고 물음에 답해 보세요.

(가)	(나)

(1) (가)와 (나)에서 보여 주는 고정 관념은 각각 무엇인지 이야기해 보세요.

(2) (가)와 (나)가 전달하고자 하는 공통된 메시지는 무엇인지 이야기해 보세요.

02 여러분이 알고 있는 고정 관념은 무엇입니까? 그 고정 관념은 무엇인지, 왜 그 고정 관념이 생겼는지 정리해서 이야기해 보세요.

고정 관념
• 여자가 남자보다 아이를 잘 돌본다. (이유:) • • •

03 여러분은 고정 관념에서 벗어나기 위해 어떻게 해야 한다고 생각합니까? 구체적인 방법과 그 이유를 정리해 보세요.

고정 관념에서 벗어나기 위한 방법
• 아무도 시도하지 않은 일을 해 본다. (이유: 이미 누군가가 시도한 일은 많은 사람들이 일반적인 사실로 인정하는 것이기 때문에 그 생각을 바꾸기 힘들다. 그렇지만 아무도 시도하지 않은 일을 해 보면 기존의 고정 관념의 영향을 받지 않고 새로운 방법을 찾아낼 수 있다.) • • •

04 자신이 생각하는 고정 관념 탈피 방법에 대해 3~4명의 친구들과 함께 토의해 보세요. 그리고 가장 효과적인 방법을 정해 보세요.

기능 표현

발언이 주제에서 벗어났음을 지적하기

- 지금 말씀하신 것은 **주제와는 다소 거리가 있어 보입니다.**
- 죄송합니다만 방금 말씀하신 내용은 **주제에서 벗어난 듯합니다.**
- 이야기가 너무 개인적인 경험으로 흘러가는 감이 있네요. **토의의 주제를 다시 환기해 볼까요?**

· 탈피
· 환기하다

Part 2

준비합시다

01 -느냐에 달려 있다

11

노력의 정도에 따라 꿈이 이루어질 수도 있고 그렇지 않을 수도 있음을 어떻게 표현할까요?

A 비행기 조종사가 되는 게 제 꿈인데 가능할까요?

B 물론이지요. 그건 조종사가 되기 위해 얼마나 노력하느냐에 달려 있어요.

문법

'V+느냐에 달려 있다', 'A+(으)냐에 달려 있다'는 정도, 방법에 따라 어떤 일의 결과가 달라짐을 나타낸다. 명사 뒤에서는 'N+(이)냐에 달려 있다'의 형태로 쓰인다.

예 계약의 성사 여부는 거래처에서 어떤 조건을 제시하느냐에 달려 있다.
생일잔치 때 음식을 얼마나 준비하느냐는 올 사람이 얼마나 많으냐에 달려 있어요.

연습

조건에 따라 달라지는 선택에 대해 '-느냐에 달려 있다'를 사용해서 말해 보세요.

	선택	고려하는 조건			
보기	회사	연봉	담당 업무	승진 시기	근무지 위치
①	주거지	교통	집값	건축 시기	주변 편의 시설
②	유학할 학교	학비	장학금	인지도	현지 생활비
③	전공	적성	입학 경쟁률	자격증 취득	졸업 후 취업률
④	영화	감독	장르	결말	출연 배우

A 어떤 회사에 들어갈지 결정했어요?

B 아니요. 아직 고민 중이에요. 그건 그 회사에서 제가 어떤 업무를 담당하느냐에 달려 있지요.

· 성사
· 여부
· 현지
· 경쟁률

읽어 봅시다

발상의 전환에 대한 설명문 읽기

01 다음 사진을 보고 이야기해 보세요.

(가)	(나)

(1) 여러분은 (가)와 (나) 중에서 어떤 용기에 든 것이 더 편리하다고 생각합니까? 그리고 그것이 어떤 점에서 더 편리하다고 생각합니까?

(2) (가)와 (나) 중에서 나중에 고안된 것은 무엇이라고 생각하는지, 그 이유는 무엇인지 이야기해 보세요?

02 다음 발명품은 어떻게 만들어졌을까요? 각 발명품과 관련된 아이디어를 연결해 보세요.

	발명품			아이디어
①	· 화장품 냉장고	•	•	기능을 더해 보자
②	· 지우개가 달린 연필	•	•	재료를 바꿔 보자
③	· 장갑에서 고안된 발가락 양말	•	•	용도를 바꿔 보자
④	· 접는 3단 우산	•	•	반대로 생각해 보자
⑤	· 종이컵	•	•	크기를 작게 해 보자

· 발상
· 고안되다

읽어 봅시다

03 다음은 발상의 전환에 대한 설명문입니다. 잘 읽고 물음에 답하세요. 12

발상의 전환과 발명

지금 이 순간에도 새로운 발명품들이 속속 등장하고 있다. 이런 발명품을 보면 대부분의 사람은 '신기하다', '기발하다' 등의 반응을 보인다. 그러나 '원리가 뭘까?', '나도 한번 만들어 볼까?'라고 생각하는 사람은 많지 않다. 지금까지 애매하거나 유사한 답은 걸러 내고 확실한 답만을 고르도록 훈련받아 온 우리에게 발명은 익숙한 일이 아니기 때문이다. 그러나 하나의 답만을 골라야 한다는 생각은 고정 관념이며 이 고정 관념에서 벗어나서 생각을 전환하지 않는다면 발명은 불가능에 가깝다. 그럼 발상의 전환을 통해 발명에 성공한 예를 살펴보자.

누구나 즐겨 입는 청바지, 그 재료는 원래 천막을 만드는 천이었다. 얇은 면으로 만든 바지가 일반적이었던 과거에 그 누구도 이 무겁고 투박한 천으로 옷을 만들 생각은 하지 않았었다. 그러나 광산으로 천막 천을 팔러 온 한 상인이 광부들의 바지가 쉽게 찢어지는 것을 보고 '이 천막 천으로 바지를 만들면 찢어지지 않을 것 같은데 한번 만들어 볼까?'라는 생각으로 시도한 것이 바로 청바지였다. 단지 재료를 바꿔 보자는 아이디어 하나로 새로운 발명품인 청바지가 탄생한 것이다. 이렇게 탄생한 청바지는 100년이 넘도록 남녀노소 모두에게 사랑받고 있다.

거꾸로 세울 수 있는 튜브형 용기도 또 하나의 좋은 예이다. 예전에는 내용물이 흐르지 않도록 용기의 뚜껑이 당연히 위쪽에 달려 있어야 한다고 생각했다. 그러나 거꾸로 세울 수 있는 튜브형 용기가 등장하면서 이 고정 관념은 깨졌다. 처음에는 용기를 거꾸로 세워 놓으면 내용물이 흐르지 않을까 반신반의하던 사람들도 이제는 그 편리함과 실용성에 고개를 끄덕이곤 한다. 이는 뚜껑이 윗부분에 있어야 한다는 생각을 뒤집어서 반대로 생각해 보자는 시도, 즉 역발상으로 인해 탄생한 것이다. 거꾸로 세울 수 있는 튜브형 화장품 용기가 없었다면 여전히 우리는 조금 남은 화장품을 마저 사용하기 위해 병을 거꾸로 들고 계속해서 손바닥에 두드릴 수밖에 없었을 것이다.

지우개 달린 연필은 또 어떠한가? 지우개를 잃어버리지 않기 위해 연필에 지우개를 매달아 사용하던 한 소년이 있었다. 연필에 매단 지우개가 덜렁거려서 불편함을 느끼던 이 소년은 어느 날 거울 속에 비친 모자를 쓴 자신의 모습을 보다가 '아하! 지우개를 연필의 윗부분에 모자를 씌우듯 고정시키면 잃어버릴 염려도 없고 덜렁거리지도 않겠구나.'라고 생각하게 되었다. 이렇게 지우개의 기능을 연필에 더해 보자는 생각 덕분에 현재의 지우개 달린 연필이 발명된 것이다.

많은 사람들은 이러한 발상의 전환으로 탄생한 제품에 대한 이야기에 흥미를 가지고 귀를 기울인다. 그러나 정작 자신이 새로운 시도를 해 보는 것은 망설인다. 앞에서 본 것처럼 위대한 발명은 생활 속에서 불편함을 느끼고 고쳐 보려는

- 기발하다
- 천막
- 투박하다
- 광산
- 광부
- 탄생하다
- 마저
- 두드리다
- 역발상
- 덜렁거리다
- 경직되다

작은 노력에서 시작된다. 불편함을 그냥 지나치지 않고 이를 개선하기 위해 노력한다면 누구에게나 발명의 기회가 찾아올 것이다. 발명은 경직된 사고와 고정 관념에서 벗어나 사물을 얼마나 다양한 각도에서 보느냐에 달려 있기 때문이다.

(1) 이 글의 주제로 알맞은 것은 무엇입니까?

① 발상을 전환하는 훈련법
② 발상의 전환을 통한 발명
③ 최근 인기를 끌고 있는 발명품
④ 생활 속 불편함을 개선하는 방법

(2) 이 글의 전개 방식에 대한 설명으로 알맞은 것은 무엇입니까?

① 고정 관념과 발상 전환의 개념 차이를 설명하고 있다.
② 발상의 전환으로 생겨난 발명품의 예를 열거하고 있다.
③ 성공적인 발명품을 시간의 순서에 따라 제시하고 있다.
④ 고정 관념과 발명의 관계에 대한 여러 의견을 언급하고 있다.

(3) 각각의 제품이 발명된 아이디어가 무엇인지 써 보세요.

발명품	아이디어
청바지	
거꾸로 세울 수 있는 튜브형 용기	
지우개 달린 연필	지우개의 기능을 연필에 더해 보자

(4) 이 글의 내용과 일치하는 것은 무엇입니까? 모두 고르세요.

① 사물을 여러 측면에서 살펴보지 않으면 발명을 하기 힘들다.
② 여러 개의 답 중에서 확실한 것을 골라내는 훈련은 발명에 필수적이다.
③ 기존의 발명품을 신기해 하고 발명품에 흥미를 가지면 발명을 할 수 있다.
④ 생활 속의 불편함을 해결하려고 노력하는 과정에서 발명품이 탄생할 수 있다.

04 여러분은 평소와 다르게 생각하거나 새로운 시도를 해서 예상 밖의 결과를 얻은 적이 있습니까? 여러분의 경험을 이야기해 보세요.

Part 2

써 봅시다

발명의 사례에 대한 설명문 쓰기

01 다음은 발명의 사례를 소개하는 설명문의 일부입니다. 이 글은 어떤 형식으로 구성되어 있는지 이야기해 보세요.

구성	내용	글
제목		흥미로운 빨대의 탄생
들어가는 말	① 발명품과 관련된 질문 제시하기	① 사람들은 얼음을 띄운 시원한 음료수를 마실 때 긴 빨대를 꽂아 마시곤 한다. 컵을 기울이지 않고도 쉽게 음료수를 마실 수 있게 해 주는 빨대, 과연 누가, 어떻게 발명했을까?
본문	② 제품이 발명되기 전의 상황 설명하기	② 1888년 어느 날, 평범한 노동자였던 마빈 스톤은 그날도 퇴근 후 목을 축이기 위해 가게에 들러 음료수를 한 잔 샀다. 계산 후 그가 받아 든 것은 밀짚이 꽂힌 음료수 한 잔. 당시에는 손의 온도 때문에 음료수의 맛이 변하는 것을 방지하기 위해 밀짚을 꽂아 빨아 마셨던 것이다. 그런데 문제는 밀짚의 냄새를 싫어하는 사람들도 많았다는 데 있다.
	③ 제품이 발명된 과정 설명하기	③ 보통 사람들과 달리 단순한 의문에도 그냥 넘어가지 않았던 마빈 스톤은 밀짚을 유심히 살펴보다가 문득 '종이를 말아서 이런 모양으로 만들어 보면 어떨까?'라고 생각하게 되었다. 그래서 그는 종이를 가늘게 말아 끝을 접착제로 마무리해서 종이 빨대를 만들었다.
	④ 발명품으로 인한 편리함 설명하기	④ 밀짚과는 달리 냄새가 나지 않는 종이 빨대는 사람들에게 큰 인기를 끌게 되었고 곧 상품화되어 팔리기 시작했다. 이후 재질이 종이에서 합성수지로 바뀌면서 현재의 모습을 갖게 되었다.
맺는말	⑤ 발명품의 특징을 정리하며 마무리하기	⑤ 종이를 가늘게 말았을 뿐인 빨대는 생활에 편리함을 더해 주는 데 그치지 않고 음료수를 마시는 방법 자체를 변화시켰다. 아직도 발명은 특별한 재능을 가진 사람만이 할 수 있는 것이라고 생각하는가? 발명품의 성공 여부는 주변의 사물을 얼마나 호기심을 갖고 관찰하느냐에 달려 있다.

- 빨대
- 탄생
- 띄우다
- 노동자
- 밀짚
- 빨다
- 유심히
- 말다
- 접착제
- 상품화되다
- 합성수지
- 호기심
- 관찰하다

02 여러분이 획기적인 발명품이라고 생각하는 것은 무엇입니까? 소개하고자 하는 발명품의 발명자, 발명된 계기, 발명품의 특징을 찾아 정리해 보세요.

제품명	
발명자	
발명의 계기	
특징	

03 발명의 사례에 대한 설명문의 개요를 작성해 보세요. 그리고 정리한 내용을 바탕으로 설명문을 써 보세요.

제목: ______________________

들어가는 말	
본문	(1)
	(2)
	(3)
맺는말	

· 획기적

04 친구들이 쓴 설명문 중에서 제품이 발명된 계기가 가장 잘 표현된 글은 무엇인지 이야기해 보세요.

Part 3

과제 활동

발명 계획서 만들기

01 다음은 발명품을 소개하는 발명 계획서입니다. 이 제품의 특징은 무엇인지 이야기해 보세요. 그리고 이 제품이 필요한 사람은 어떤 사람일지 이야기해 보세요.

발명 계획서

제품명	퍼즐 알람 시계	발명자	왕카이

발명의 목적

중요한 일정이 있는 경우 알람 시계를 맞춰 놓지만 그 소리를 듣지 못하거나 끄고 다시 자버려서 알람 시계가 그 기능을 제대로 하지 못하는 경우가 종종 있다. 이런 문제점을 해결하기 위해 퍼즐 알람 시계를 발명하고자 한다.

발명품의 기능

맞춰 놓은 시간이 되면 알람이 울리기 시작함과 동시에 시계 윗부분이 조각조각 사방으로 튀며 조각 퍼즐을 맞춰 넣을 때까지 알람이 멈추지 않는다.

발명품만의 차별화된 특징

- 퍼즐을 맞출 때까지 소리가 계속 울리기 때문에 듣지 못할 위험이 적으며 퍼즐을 맞추는 동안 잠을 확실히 깰 수 있으므로 효과적이다.
- 윗부분의 퍼즐의 색깔과 모양이 독특하므로 인테리어 소품으로서의 효과도 기대할 수 있다.

발명품의 외형

알람이 울리기 전 모습

알람이 울릴 때 모습

알람을 끄기 위해 퍼즐을 맞추는 모습

02 발명품을 만들기 위한 계획서를 작성하려고 합니다. 다음을 읽고 정해 보세요.

(1) 여러분이 자주 사용하는 제품 중 개선이 필요한 것은 무엇입니까? 〈보기〉를 참고하여 그 제품의 주요 기능과 단점에 대해 정리하고 이야기해 보세요.

제품명	주요 기능	단점
보기 텔레비전 리모컨	텔레비전까지 가지 않아도 편안히 앉은 채로 채널을 바꿀 수 있음	리모컨이 보이지 않을 경우 어디에 있는지 알 수 없어서 구석구석 찾아야 함

- 퍼즐
- 조각조각
- 튀다
- 차별화되다
- 리모컨

(2) 이 제품의 단점을 어떻게 개선하면 좋을까요? 〈보기〉를 참고해서 개선 아이디어에 대해 정리하고 이야기해 보세요.

제품명	개선 아이디어	효과
보기 텔레비전 리모컨	리모컨에 감지기 부착	감지기와 연결된 버튼을 텔레비전에 부착해 놓으면 이를 누를 때마다 리모컨이 반짝거리거나 소리가 나기 때문에 리모컨의 위치를 쉽게 파악할 수 있음

03 여러분이 선정한 제품의 단점을 개선할 수 있도록 새로운 아이디어를 추가한 제품을 만들기 위한 발명 계획서를 만들어 보세요.

발명 계획서			
제품명		발명자	
발명의 목적			
발명품의 기능			
발명품만의 차별화된 특징			
발명품의 외형			

· 감지기

04 자신이 만든 발명 계획서를 친구들에게 소개해 보세요. 그리고 친구들이 계획한 발명품 중에서 상품화 가능성이 가장 높은 것은 무엇인지 이야기해 보세요.

Part 3 어휘 확장

변화 관련 표현

6

01 다음은 변화와 관련이 있는 표현입니다. 그 의미를 추측해 보세요.

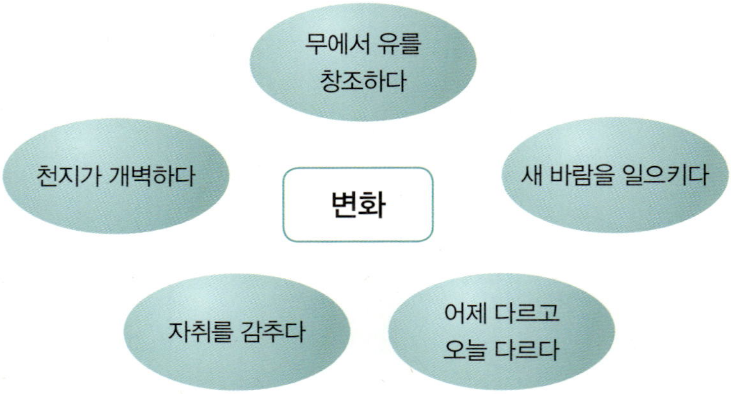

02 다음 대화를 완성해 보세요.

(1) A: 무선 호출기를 하나 구입하고 싶은데 어디에서 살 수 있을까요?
B: 그건 구하기 힘들 것 같은데요. 휴대 전화가 나오면서 거의 ________________ ________________ 찾기 힘들거든요.

(2) A: 엄마, 저 학교 그만두고 사업을 좀 해 보고 싶은데 돈 좀 빌려 주시면 안 돼요?
B: 뭐라고? 그걸 지금 말이라고 해? 그건 하늘이 두 쪽 나고 ________________ ________________ 안 될 일이니 꿈도 꾸지 마.

(3) A: 다음 달에 이화전자에서 모니터와 컴퓨터의 본체를 결합한 신제품을 출시한다던데 얘기 들었어요?
B: 네, 들었어요. 나오기도 전에 미리 예약을 하는 사람들도 있을 정도로 지금 관심이 뜨겁대요.
A: 그래서 업계의 전문가들은 이 제품이 노트북의 증가 때문에 침체되었던 데스크톱 컴퓨터 시장에 ________________________________ 것으로 예상하고 있어요.

· 무선 호출기
· 본체
· 업계
· 데스크톱

03 최근 자취를 감춰서 찾아볼 수 없는 물건은 무엇인지 이야기해 보세요.

사자성어

격세지감 반신반의 변화무쌍

7

01 다음 문장을 보고 사자성어의 의미를 추측해 보세요.

(1) 가난했을 때 먹던 음식들이 요즘에는 건강식으로 사랑받는 것을 보면 **격세지감**을 느낀다.

(2) 요코는 자기가 시험에서 1등을 했다는 이야기를 듣고도 **반신반의**하다가 성적표를 확인하고 나서야 믿게 되었다.

(3) 비가 쏟아지다가도 언제 그랬냐는 듯 햇빛이 쨍쨍하니 봄 날씨는 정말 **변화무쌍**하다.

02 다음 사자성어의 의미를 찾아 연결해 보세요.

(1)	격세지감	•	• 오래지 않은 동안에 몰라보게 변하여 아주 다른 세상이 된 것 같음
(2)	반신반의	•	• 비교할 데 없이 변화가 심함
(3)	변화무쌍	•	• 얼마쯤 믿으면서도 한편으로는 의심함

03 사자성어를 사용해서 대화를 완성해 보세요.

(1) A: 요코 씨, 지금 사용하는 건 최근에 새로 나온 미백 치약이 맞지요? 써 보니까 정말 효과가 있어요?

B: 저도 처음에는 정말 효과가 있을지에 대해 ____________ 했어요. 그렇지만 막상 사용해 보니 정말 치아가 하얘지던데요.

(2) A: 요즘 신입 사원들은 누구 앞에서든지 거침없이 자기 의견을 말하는 것 같아요. 예전에 우리는 상사 앞에서 눈치만 보기 일쑤였는데 말이에요.

B: 그렇죠? 저도 그런 걸 보면 가끔 ____________ 을/를 느껴요.

(3) A: 저 아역 배우 좀 보세요. 방긋방긋 웃다가 금세 눈물을 뚝뚝 흘리네요. 나이도 어린데 어쩌면 저렇게 연기를 잘할까요?

B: 그러게요. 언제 봐도 표정 연기가 정말 ____________ 해요.

- 쨍쨍하다
- 미백
- 방긋방긋
- 뚝뚝

04 세상에 단 하나밖에 없는 유일무이한 물건이나 건물을 알고 있습니까? 여러분이 알고 있는 것은 어떤 것인지 이야기해 보세요.

제3과

한국의 맛과 멋

제3과 한국의 맛과 멋

Part 1	준비합시다	1 –(으)ㄴ/는 만큼　　2 –거니와
	들어 봅시다	음식 체험 관광에 대한 생활 정보 프로그램 듣기
	말해 봅시다	향토 음식이 발달한 지리적 요인에 대해 발표하기
Part 2	준비합시다	1 –느니
	읽어 봅시다	서울의 명소에 대한 기사문 읽기
	써 봅시다	문화 유적 답사기 쓰기
Part 3	과제 활동	체험 관광 상품 기획하기
	어휘 확장	고생 관련 표현
	사자성어	문전성시　방방곡곡　산해진미

Part 1

준비합시다

01 -(으)ㄴ/는 만큼

15

여행을 떠날 때 여행자 보험에 가입해야 하는 이유를 어떻게 표현할까요?

A 여행을 떠나기 전에 미리 챙겨야 할 게 있을까요?

B 여행자 보험에 가입했어요? 여행 중에 생길 수 있는 위험에 대비해야 하는 만큼 여행 전에 꼭 보험을 들어 두는 게 좋겠어요.

문법

'A/V+(으)ㄴ/는 만큼'은 앞 내용이 뒤 내용의 원인이나 근거가 됨을 나타낸다.

예 지역 축제에는 수많은 관광객이 찾아오는 만큼 안내와 통역을 담당할 자원 봉사자가 필요하다.
눈이 얼어 도로가 매우 미끄러운 만큼 자가용을 이용하기보다는 지하철로 출근하는 게 좋겠어요.

연습

다음 주장과 그에 대한 근거를 '-(으)ㄴ/는 만큼'을 사용해서 말해 보세요.

	문제	근거	주장
보기	성적 하락	시험을 볼 때는 시간 안배가 제일 중요하다	모르는 문제는 표시해 두었다가 나중에 푸는 게 좋다
①	보육 시설 부족	육아 문제로 퇴직하는 여성이 많다	보육 시설을 확충할 필요가 있다
②	개인 정보 유출	유출된 개인 정보가 범죄에 악용될 가능성이 있다	개인 정보가 유출되지 않도록 법을 강화하지 않으면 안 되다
③	업무 효율 저조	편안한 직장 환경이 업무 효율에 영향을 미치다	가족적인 직장 문화를 조성해야 하다
④	물가 상승	물가 상승이 생활을 위협하다	물가 안정 대책을 마련해야 하다

- 안배
- 확충하다
- 악용되다
- 조성하다

A 요즘 성적이 떨어져서 걱정인데요. 어떻게 하는 게 좋을까요?

B 시험을 볼 때는 시간 안배가 제일 중요한 만큼 모르는 문제는 표시해 두었다가 나중에 푸는 게 좋아요.

02 -거니와

16

다른 사람의 말을 인정하면서 자신의 생각을 덧붙여 말할 때 어떻게 표현할까요?

A 졸업식 때 한복을 입을까 하는데 굽이 높은 구두는 신으면 안 되겠지요?

B 그럼요. 한복에는 높은 구두를 신지 않아야 맵시가 나거니와 화려한 액세서리는 피해야 멋스러워요.

문법

'A/V+거니와'는 앞 내용을 인정하면서 뒤 내용을 덧붙임을 나타낸다.

예 그는 일도 열심히 하거니와 운도 좋아서 하는 일마다 큰 성공을 거둔다.
신촌에는 구경할 것도 많거니와 맛집도 즐비해서 지내기가 좋은 것 같아요.

연습

서울 관광을 하는 친구에게 각 장소에 대해 '-거니와'를 사용해서 말해 보세요.

	장소	기존 정보	추가 정보
보기	남대문 시장	질 좋은 물건을 저렴하게 구입할 수 있다	덤을 받을 수 있다
①	남산	전망대의 경치가 아름답다	그곳 회전식 식당은 음식 맛도 좋다
②	수산 시장	싱싱한 해산물을 골라 사는 재미가 있다	구입한 해산물을 바로 요리해 주니 먹는 재미도 쏠쏠하다
③	덕수궁 돌담길	운치 있는 길을 걸을 수 있다	근현대식 건물이 가득한 역사의 현장을 볼 수 있다

A 남대문시장에 가면 질 좋은 물건을 저렴하게 구입할 수 있지요?

B 물론이지요. 남대문시장에서는 질 좋은 물건을 저렴하게 구입할 수 있거니와 덤을 받을 수도 있어요.

· 맵시
· 즐비하다
· 덤
· 회전식
· 쏠쏠하다
· 운치
· 근현대식

Part 1

들어 봅시다

음식 체험 관광에 대한 생활 정보 프로그램 듣기

01 다음은 관광 상품의 유형입니다. 여러분이 선호하는 관광 상품을 ✓표 하고 선택한 이유를 이야기해 보세요.

- ☐ 다른 관광 상품보다 저렴한 가격을 내세우는 상품
- ☐ 고급 호텔, 수준 높은 식사 등을 서비스로 제공하는 상품
- ☐ 스포츠나 지역 행사 등에 직접 참여해서 체험해 보는 상품
- ☐ 자연, 역사, 문화 등을 중심으로 유명한 관광지를 돌아보는 상품

02 다음은 전라북도 순창에서 찍은 사진입니다. 사진을 보고 순창에서 할 수 있는 체험 활동으로는 어떤 것이 있는지 추측해 보고 아래의 설명에 해당하는 것을 찾아보세요.

(1)

(2)

전라북도 순창

(3)

(4)

- 그림을 그려 개성 있는 장독을 만드는 체험 (　　　)
- 고추장을 넣어 전혀 느끼하지 않은 피자를 만드는 체험 (　　　)
- 마을에서 직접 수확한 찹쌀로 밥을 지어서 떡을 만드는 체험 (　　　)
- 메주, 고춧가루, 식혜, 소금 등을 알맞은 비율로 섞어 고추장을 만드는 체험 (　　　)

· 전라북도
· 순창
· 장독
· 찹쌀
· 메주

03 다음은 음식 체험 관광에 대한 생활 정보 프로그램입니다. 잘 듣고 물음에 답하세요. 17

(1) 생활 정보 프로그램에서 다루고 있는 내용이 아닌 것은 무엇입니까?

① 체험 관광이 인기를 얻게 된 이유

② 주5일 근무제를 시행하게 된 배경

③ 최근 인기를 얻고 있는 관광의 유형

④ 전북 순창에서 할 수 있는 체험 활동

(2) 전북 순창의 고추장 민속마을에 대한 설명으로 알맞지 않은 것은 무엇입니까?

① 발효에 적합한 기후 조건을 갖추고 있는 지역이다.

② 마을의 체험 활동을 홍보하는 데 연간 300억 원이 든다.

③ 한국 최대의 전통 고추장 생산지로 이름을 널리 알린 곳이다.

④ 이곳에서는 고추장 담그기와 음식 만들기 등 다양한 체험을 할 수 있다.

(3) 체험 관광이 앞으로도 인기가 있을 거라고 예상되는 이유는 무엇인지 3가지를 쓰세요.

① ______________________(으)로 새로운 형태의 관광에 관심을 갖게 되었으므로

② 2000년대 이후 __________________이/가 인기가 있으므로

③ ____

04 여러분은 농촌 체험 관광, 직업 체험 관광, 전통 문화 체험 관광 등 체험 관광을 해 본 적이 있습니까? 어떤 곳에서 무엇을 체험했는지, 어떤 점이 좋았는지 이야기해 보세요.

· 발효
· 차별화되다

Part 1

말해 봅시다

향토 음식이 발달한 지리적 요인에 대해 발표하기

01 다음은 한국의 향토 음식입니다. 각 음식을 맛볼 수 있는 지역과 음식의 재료, 맛 등에 대해서 이야기해 보세요.

담양 대통밥

안동 간고등어 구이

02 다음은 영광 굴비 구이에 대한 설명입니다. 다음을 읽고 표를 완성해 보세요. 그리고 영광 굴비 구이가 발달한 지리적 요인에 대해 이야기해 보세요.

영광 굴비 구이

전남 서북쪽에 자리한 영광군은 광활한 평야와 바다를 끼고 있어 곡식과 해산물을 풍부하게 얻을 수 있는 지역이다. 여름에는 덥고 습도가 높으며 겨울에는 춥고 건조하다. 그리고 일조 시간이 길며 바람이 강한 곳이다.

영광에서 맛볼 수 있는 다양한 음식 중에서 '굴비'는 단연 최고로 손꼽힌다. 영광에서 말린 조기를 영광 굴비라고 하는데 이곳에서는 굴비를 노릇노릇하게 구워 먹거나 쪄서 먹는다. 싱싱한 조기도 맛있지만 영광의 천일염과 법성포의 해풍이 더해져 만들어진 굴비는 예로부터 짭짤하면서도 구수한 맛으로 사랑을 받아 왔다.

조기는 제주 남서쪽에서 겨울을 나고 산란을 하기 위해 서해로 이동하는데 이곳 바다를 지날 때 살이 가장 통통하고 알도 꽉 들어찬다. 이때 신선한 조기를 잡아 천일염으로 염장을 한 후, 서해에서 불어오는 북서풍에 건조시키면 한층 맛있어진다. 봄 평균 기온 10.5도, 적절한 습도, 그리고 바닷바람, 삼박자를 고루 갖춘 영광에서만 제대로 된 굴비를 맛볼 수 있다고 한다.

특히 주목할 만한 점은 이 지역의 습도이다. 낮에는 밤보다 습도가 낮아서 낮에는 건조가 이루어지고 밤에는 조기 내부의 수분이 밖으로 나와 부패되지 않게 가공할 수 있다. 또 조기의 크기에 따라 염장 시간을 6~24시간으로 조절하는 것도 맛을 일정하게 하는 비결이다.

- 광활하다
- 산란
- 천일염
- 염장
- 삼박자를 고루 갖추다

지역		전라남도 영광
지리적 요인	지형	• 전라남도의 서북쪽에 위치하고 있음 •
	기후	• 여름에는 고온다습, 겨울에는 한랭건조 •
향토 음식의 특징	음식명	영광 굴비 구이
	재료	영광군 법성포 앞 바다에서 잡은 조기
	맛	
	만드는 방법	• 봄철에 제주 남서쪽에서 법성포 앞 바다로 온 조기를 잡아서 ______ • 굴비 건조에 필수적인 조건은 ______

03 여러분 나라에서 유명한 향토 음식이 발달한 지리적 요인에 대해 정리해 보세요.

지역		
지리적 요인	지형	
	기후	
향토 음식의 특징	음식명	
	재료	
	맛	
	만드는 방법	

04 정리한 내용을 바탕으로 향토 음식이 발달한 지리적 요인에 대해 발표해 보세요.

기능 표현

새로운 화제로 전환하며 말하기

- **본격적인 발표에 들어가도록 하겠습니다.** 우선 영광 굴비의 맛을 결정하는 요인에는 무엇이 있는지 **짚고 넘어가겠습니다.**
- **그러면 화제를 바꿔서** 영광의 지형이 굴비 생산에 미치는 영향**에 대해서 알아보도록 하겠습니다.**
- **다음은** 음식의 특징**에 관한 것인데요.** ○○씨가 **구체적으로 설명해 드리겠습니다.**

· 고온다습
· 한랭건조

준비합시다

01 -느니

그다지 마음에 드는 것은 없지만 부득이하게 하나를 선택해야 함을 어떻게 표현할까요?

A 올해 휴가도 작년처럼 바다로 갈 생각이에요?

B 집 떠나 고생하느니 이번에는 TV나 보면서 쉬는 건 어떨까 고민 중이에요. 작년에 사람들로 북적이는 피서지에서 고생만 했거든요.

문법

'V+느니'는 앞 내용보다 뒤 내용을 선택하는 것이 차라리 더 나음을 나타낸다.

예 안내원이 올 때까지 무작정 기다리느니 같이 주변 가게나 둘러보지 않으시겠어요?
고향을 떠나 고생하느니 경제적으로 좀 힘들더라도 부모님 곁으로 돌아가는 게 나을 것 같다.

연습

다음 상황에서 어떤 선택을 하겠습니까? '-느니'를 사용해서 말해 보세요.

	상황	선택	
보기	남자 친구와 결혼하려고 하는데 부모님께서 반대하다	☐ 남자 친구와 헤어지다	☑ 부모님을 계속 설득해 보다
①	전세금을 올려 주어야 하는데 여윳돈이 없다	☐ 예산에 맞춰 집의 평수를 줄이다	☐ 대출을 받아서 전세금을 마련하다
②	현재 직장은 연봉은 높지만 업무가 적성에 맞지 않다	☐ 싫은 회사 업무를 참고 계속하다	☐ 그만두고 다른 일자리를 알아보다
③	과제물의 제출 마감이 코앞인데 시작도 하지 못했다	☐ 할 수 있는 만큼만 해서 제출하다	☐ 교수님께 기한을 연장해 달라고 요청하다

A 남자 친구와 결혼하려고 하는데 부모님께서 반대하신다면 남자 친구와 헤어질 거야?

B 나라면 남자 친구와 헤어지느니 시간이 오래 걸리더라도 부모님을 계속 설득해 볼 것 같아.

· 피서지
· 여윳돈
· 평수

읽어 봅시다

서울의 명소에 대한 기사문 읽기

01 다음은 서울의 한양도성입니다. 다음을 보고 이곳에 가면 무엇을 할 수 있을지 이야기 해 보세요.

02 다음은 신문 특집 기사의 첫 부분입니다. 다음을 읽고 요즘 어떤 여행이 인기 있는지, 그 이유는 무엇인지 이야기해 보세요.

특집 기사

옛 서울을 걷다

〈이화저널〉에서는 여러 나라 도시들을 여행자의 시각으로 바라보고 그 속에 깃든 역사와 문화, 삶의 모습을 담아 보고자 합니다. 첫 번째 여행지는 서울의 한양도성입니다.

적은 비용으로 건강까지 챙길 수 있는 도보 여행의 열풍이 거세다. 전문가들은 '걷기'에 대한 사람들의 인식이 '느리고, 번거롭고, 힘든' 것에서 '여유롭고, 색다르고, 즐거운' 것으로 바뀌면서 매력적인 관광의 형태로 떠오르고 있다고 분석한다. 제주도 올레길, 지리산 둘레길 등이 인기를 얻은 후 전국적으로 다양한 테마의 탐방로들이 등장했는데 한양도성은 그중에서도 백미로 손꼽힌다.

- 한양도성
- 깃들다
- 도보
- 열풍
- 탐방로
- 백미

Part 2

읽어 봅시다

03 2번의 기사문에 이어지는 내용입니다. 잘 읽고 물음에 답하세요. 19

현존하는 세계의 수도 성곽 가운데 규모가 가장 큰 한양도성은 조선 시대 초에 수도를 방어하기 위해 세워진 성곽이다. 북악산, 인왕산, 남산, 낙산을 따라 꼬불꼬불 이어지는 한양도성은 일부 구간을 제외하면 현재 대부분 서울 종로구 지역에 속해 있다. 18.7km에 달하는 한양도성에는 국보 1호인 남쪽의 숭례문을 비롯해서 동쪽에는 흥인지문, 서쪽에는 돈의문, 북쪽에는 숙정문이 나 있다. 이 4대문 이외에도 대문과 대문 사이의 군사적인 요충지에는 4소문인 혜화문, 광희문, 소의문, 창의문이 있다. 이 8개의 문을 경유해서 걷다 보면 성곽길 전체를 다 둘러볼 수 있다.

이 성곽을 쌓기 위해 14세기에 약 12만 명의 인부가 동원되었다고 하는데 그 당시 한양의 인구는 5만 명도 채 되지 않았던 것을 감안하면 실로 놀라운 일이 아닐 수 없다. 1396년 축성이 완료된 성곽은 이후 여러 차례 수리를 거치기는 했으나 2000년대에 들어서야 서울시의 대규모 복원 작업으로 헐린 구간 중 많은 부분이 옛 모습을 찾았다. 서울시는 무리하면서까지 전 구간을 되살리느니 도로나 주택이 위치한 일부 구간은 그대로 두는 것이 낫다고 판단해서 해당 구간에는 육교식 성곽이나 방향 표시 안내판을 세워 표시했다.

이처럼 옛 모습을 되찾은 한양도성을 따라 걷는 것은 흥미진진한 경험이다. 이 성곽길은 서울의 600년 역사를 고스란히 간직하고 있기 때문에 걷다 보면 국보 8개를 포함해서 총 169개의 문화유산을 만날 수 있다. 게다가 산책로가 잘 정비되어 있어 서울 중심가에 있는 길답지 않게 시골 냄새가 풀풀 풍기는 정겨운 곳이기도 하다. 성곽을 따라 이어진 돌담길인 만큼 시멘트를 바르지 않은 흙길을 걷는 느낌도 좋지만 이름난 전망대나 산꼭대기 못지않게 전망이 멋있다는 점도 매력적이다.

사시사철 언제 찾아도 아름다운 한양도성의 각 구간은 저마다의 매력을 뽐낸다. 그런데 성곽길을 하루 만에 돌아보는 것은 현실적으로 쉽지 않은 일이다. 전 구간을 4개 정도로 나눌 수 있는데 한 구간을 걷는 데에만 대략 4시간 정도가 소요되기 때문이다. 따라서 전체 한양도성의 지도를 보면서 각 구간의 특징과 자신의 체력 상태를 고려해서 특정 구간을 선택하는 게 좋다. 유적지가 많아 역사적인 장소를 보는 재미가 있는 인왕산 코스, 경치가 돋보이는 북악산 코스, 예술이 살아 숨 쉬는 낙산 코스, 아기자기한 볼거리가 있는 남산 코스를 걷다가 4대문에 다다르면 스탬프를 찍을 수 있고 4개의 스탬프를 모두 모으면 완주 기념 배지도 받을 수 있다. 이번 주말에는 서울의 옛 모습은 물론이고 아름다운 자연과 경치를 모두 즐길 수 있는 최고의 도보 여행지, 한양도성으로 떠나 보자.

박채윤 기자(pcyoon@ewha.ac.kr)

- 꼬불꼬불
- 국보
- 요충지
- 인부
- 동원되다
- 감안하다
- 축성
- 복원
- 헐리다
- 육교식
- 고스란히
- 풀풀
- 풍기다
- 사시사철
- 완주
- 축조되다

(1) 이 글에 대한 설명으로 알맞지 않은 것은 무엇입니까?

① 명소의 위치에 대해 설명하고 있다.
② 명소를 찾아가는 방법에 대한 정보를 제공하고 있다.
③ 명소를 둘러볼 때 고려해야 할 점에 대해 언급하고 있다.
④ 명소의 분위기와 특징에 대해 알 수 있도록 구성되어 있다.

(2) 한양도성의 축조와 복원 과정에 대한 설명으로 알맞은 것은 무엇입니까?

① 한양도성은 1396년에 축조되었을 때의 모습을 그대로 간직하고 있다.
② 조선 시대 초에 약 5만 명 정도의 인부를 동원해서 한양도성을 쌓았다.
③ 서울시는 도로나 주택으로 끊긴 구간에는 육교식 성곽이나 안내판을 세웠다.
④ 서울시는 대규모 작업을 벌여서 1990년대에 이미 한양도성을 모두 복원했다.

(3) 한양도성이 최고의 도보 여행지로 꼽히는 이유가 아닌 것은 무엇입니까?

① 성곽길은 마음만 먹으면 하루 만에 모두 돌아볼 수 있는 산책로이다.
② 성곽길에서는 이름난 전망대에서 보는 것만큼 멋진 전망을 볼 수 있다.
③ 성곽길은 도심에 있는 길인데도 불구하고 시멘트로 만들어지지 않았다.
④ 성곽길을 걷다 보면 서울의 역사를 보여 주는 많은 문화유산을 만날 수 있다.

(4) 성곽길을 걸을 때 고려해야 할 것이 아닌 것은 무엇입니까?

① 계절
② 소요 시간
③ 체력 상태
④ 각 구간의 특징

04 여러분은 어떤 곳을 한국 최고의 명소로 꼽습니까? 그곳의 위치, 특징 등에 대해 이야기해 보세요.

· 축조

Part 2

써 봅시다

문화 유적 답사기 쓰기

01 다음은 문화 유적을 탐방한 후 기록한 답사기의 일부입니다. 이 글은 어떤 형식으로 구성되어 있는지 이야기해 보세요.

구성	내용	답사기
제목		천 년의 시간이 흐르는 곳, 운주사
들어가는 말	① 답사의 동기와 목적, 여행 정보 등 기술하기	① 한 해를 마감하는 12월 어느 주말. 친구의 차를 타고 전남 화순군 천불동 계곡에 자리 잡은 운주사를 향해 길을 떠났다. 풀리지 않는 의문과 신비로움이 켜켜이 쌓인 유적, 천불천탑으로 이름을 널리 알린 운주사가 이번 답사의 목적지이다. 지난 학기 교양 수업에서 공부했던 와불의 큼지막한 얼굴을 기억하는 우리는 커다란 설렘을 안고 여행을 시작했다.
본문	② 시간적 · 공간적으로 여정 기술하기	② 어느새 우리는 광주를 지나 화순에 도착해 있었다. 운주사 입구에 거의 다 닿았을 때 나지막한 야산 분지에 있는 고려 시대의 절터를 보자 탄성이 터져 나왔다. 우선 사찰의 첫 번째 문인 일주문을 지나 절 안으로 발걸음을 옮겼다.
	③ 인상적인 답사지의 특징을 실감나게 묘사하기	③ 드디어 산 중턱에 있는 와불을 만나는 순간이었다. 나무가 빽빽하게 들어선 숲에 시선을 빼앗겼다가 공간을 가득 채우고 있는 와불을 향해 눈을 돌렸다. 주위의 둥글둥글한 얼굴형에 선만으로 단순하게 처리된 눈과 입, 기다란 코, 단순한 법의 자락이 인상적이었다.
	④ 답사지에 대한 독창적인 느낌이나 생각을 표현하기	④ 세련된 불탑에 익숙한 나에게 운주사의 불탑들은 좀 낯설었다. 거친 돌들을 함부로 다듬어 층수를 맞춰 놓은 듯싶기도 했다. 어릴 적 소꿉장난으로 돌을 쌓았던 것과 같은 불탑 모양들을 보자 나도 모르게 온몸의 긴장이 풀리며 마음이 편안해졌다.
맺는말	⑤ 전체적으로 평가하며 마무리하기	⑤ 바위 위에서 내려다 본 운주사 전경은 내 마음속에 아직도 남아 있다. 신비로운 전설이 가득한 운주사에서 한 해의 묵은 때를 털어 낼 수 있었다.

· 화순군
· 천불동
· 켜켜이
· 와불
· 절터
· 일주문
· 법의
· 자락
· 불탑
· 소꿉장난
· 전경

02 여러분이 다녀온 문화 유적지 중 기억에 남는 곳은 어디입니까? 탐방했던 곳에 대한 정보를 정리해 보세요.

문화 유적지 이름	
답사 시기 및 일정	
답사 동기 및 목적	
답사 여정	
답사지의 인상적인 특징	
감상 및 평가	

03 문화 유적 답사기의 개요를 작성해 보세요. 그리고 정리한 내용을 바탕으로 답사기를 써 보세요.

제목: ______________________

들어가는 말	
본문	(1)
	(2)
	(3)
맺는말	

04 친구들의 답사기를 읽은 후 독창적인 감상이 잘 드러나게 쓴 글은 무엇인지 이야기해 보세요.

Part 3

과제 활동

체험 관광 상품 기획하기

01 다음은 여행사의 관광 상품입니다. 다음을 읽고 물음에 답해 보세요.

이화관광

상품명	제주, 길에서 휴식을 찾다 '도보 여행'
상품 소개	• 유명 관광지에서 사진만 찍고 돌아오는 여행에서 벗어나 색다른 체험을 해 보기 원하는 여행자들을 위해 기획된 실속 있고 알찬 제주 여행 • 흐드러지게 핀 유채꽃의 노란 물결이 더해져 그림 같은 풍경을 연출하고 있는 제주에서 봄을 만끽하는 여행 • 상다리가 부러질 정도로 차려진 제주도의 산해진미를 맛볼 수 있음 • 해안선, 오름처럼 제주에서만 접할 수 있는 풍경이 이어지는 제주의 길 걷기 행사에 참가 • 제주 자연의 들풀을 재료로 이용한 천연 염색 체험
여행 기간	2박 3일 (매일 출발 가능)
가격	275,000원 * 소아(24개월~만 12세 미만) 요금은 성인과 동일함
포함 내역	• 왕복 항공권, 숙박비(2박), 전 일정 식사, 걷기 행사 및 염색 체험 참가비, 여행자 보험료 • 특식: 목포의 갈치찜, 제주의 옥돔구이

(1) 이 관광 상품이 가진 장점은 무엇인지 이야기해 보세요.

(2) 관광 상품을 효과적으로 소개하기 위해 묘사한 표현을 찾아 써 보세요.

묘사 대상	표현
제주도의 풍경	
제주도의 음식	

· 알차다
· 흐드러지다
· 만끽하다
· 산해진미
· 오름
· 들풀
· 염색

02 특별한 체험을 할 수 있는 관광 상품을 만들려고 합니다. 다음을 읽고 정해 보세요.

(1) 체험 관광 상품을 기획하기 전에 고려해야 할 요소에 ✔표 하고 그 이유를 이야기 해 보세요.

▢ 관광 상품 판매 대상	▢ 관광 상품의 시장성	▢ 관광 상품 판매 시기
▢ 타 상품과의 차별성	▢ 관광 상품에 제공되는 정보	▢ 기타: ________

(2) 체험 관광 상품의 구체적인 내용과 그 내용을 효과적으로 전달할 수 있는 판매 전략을 정하고 메모해 보세요.

관광지		
관광 상품의 내용	상품명	
	특징	
	세부 정보	
관광 상품의 판매 전략	판매 대상	
	판매 시기	

03 체험 관광 상품을 기획해 보세요. 그리고 관광 상품의 장점이 부각되도록 발표해 보세요.

04 친구들이 만든 체험 관광 상품 중 가장 상품성이 있는 것은 무엇인지 이야기해 보세요.

· 시장성
· 부각되다

Part 3

어휘 확장

고생 관련 표현

20

01 다음은 고생과 관련이 있는 표현입니다. 그 의미를 추측해 보세요.

고생

- 가시밭길을 가다
- 피땀을 흘리다
- 고생문이 훤하다
- 산전수전을 다 겪다
- 눈칫밥을 먹다

02 다음 대화를 완성해 보세요.

(1) A: 교수로서 안정된 삶을 포기하고 아프리카로 봉사 활동을 떠나기로 하셨을 때 가족들의 반대는 없으셨는지 궁금합니다.

B: 주위에서는 왜 굳이 험난한 ______________________ 말하며 만류했던 게 사실입니다. 그러나 제 의지와 열정을 잘 아시는 부모님께서는 늘 저를 전폭적으로 지지해 주셨습니다.

(2) A: 강력계 형사로 근무하시면서 두려움을 느꼈던 적은 없었나요?

B: 형사 생활이 올해로 15년째인데요. 그동안 흉악한 범죄를 저지른 범인들을 잡으며 ______________________. 그러니 뭐가 무섭겠습니까?

(3) A: 저 가방 정말 예쁘지 않아? 마침 보너스도 받았는데 당장 사야겠다.

B: 회사에서 ______________________ 모은 돈을 그렇게 함부로 쓰면 어떻게 해? 다시 한번 그게 꼭 필요한지 생각해 보고 사도 늦지 않아.

- 만류하다
- 전폭적
- 강력계
- 형사
- 흉악하다

03 여러분은 자신의 목표를 달성하기 위해 피땀을 흘려 노력한 적이 있습니까? 목표를 위해 노력했던 일은 무엇이었으며, 노력한 결과 어떤 성과를 얻었는지 이야기해 보세요.

사자성어

문전성시 방방곡곡 산해진미

21

01 다음 문장을 보고 사자성어의 의미를 추측해 보세요.

(1) 서울백화점에서 선착순으로 경품을 준다는 소식에 백화점은 이른 시간부터 **문전성시**를 이루었다.

(2) 김 기자는 참신한 기삿거리를 찾기 위해 전국 **방방곡곡**을 헤매고 다녔다.

(3) 집들이에 온 손님들은 **산해진미**가 가득 놓인 식탁을 보고 감탄을 금치 못했다.

02 다음 사자성어의 의미를 찾아 연결해 보세요.

(1)	문전성시	•	•	한 군데도 빠짐이 없는 모든 곳
(2)	방방곡곡	•	•	찾아오는 사람이 많아 집 문 앞이 시장을 이루다시피 함
(3)	산해진미	•	•	산과 바다에서 나는 온갖 재료로 차린 맛있는 음식

03 사자성어를 사용해서 대화를 완성해 보세요.

(1) A: 아버지, 생신이라 정성껏 준비했으니 많이 드세요.
B: 갈비찜, 해물탕에 생선회까지 준비했니? 정말 ________________(으)로 가득하구나.

(2) A: 와, 역시 서울을 떠나 경치 좋은 곳으로 오니 속이 확 트이는 것 같아.
B: 여기 경치는 정말 최고인걸. 전국 ________________ 안 다닌 데 없이 다녔어도 여기처럼 좋은 곳은 보지 못했어.

(3) A: 회사 앞에 새로 생긴 식당의 불고기 정식이 맛있다던데 한번 가 볼까요?
B: 그럴까요? 식사 때마다 ________________을/를 이루니 예약부터 하는 게 좋겠어요.

04 여러분은 문전성시를 이루는 맛집을 알고 있습니까? 그 식당이 사람들의 입맛을 사로잡은 비결에 대해서 이야기해 보세요.

· 선착순
· 헤매다
· 군데

제4과

학교와 교육

제4과 학교와 교육

Part 1	준비합시다	1 -(으)ㄴ/는 가운데　2 -다 못해
	들어 봅시다	바람직한 교육에 대한 공익 광고 듣기
	말해 봅시다	능력별 학급 운영에 대해 토론하기
Part 2	준비합시다	1 -아/어 치우다
	읽어 봅시다	학교의 사회적 기능에 대한 칼럼 읽기
	써 봅시다	학교 교육의 문제 해결을 위한 투고문 쓰기
Part 3	과제 활동	학교의 인성 교육 강화 방안에 대한 좌담회 열기
	어휘 확장	집중 관련 표현
	사자성어	박학다식　일취월장　팔방미인

Part 1

준비합시다

01 -(으)ㄴ/는 가운데

22

수험생들이 결과를 기다리고 있는 상황에서 합격자가 발표되었음을 어떻게 표현할까요?

A 시대에 따라 바뀌어 온 합격자 발표 방식, 신은정 기자가 보도합니다.

B 대형 간판으로 합격 여부를 알리던 시절에는 학교 운동장에서 수험생들이 초조하게 기다리는 가운데 합격자가 발표되곤 했습니다.

문법

'A/V+(으)ㄴ/는 가운데'는 어떤 일이 이루어지는 상황이나 배경이 지속되고 있음을 나타낸다.

예 로봇이 새로운 성장 산업으로 각광받는 가운데 로봇 박람회가 어제 시청에서 열렸다.
회사 사정이 어려운 가운데에도 직원들은 전혀 동요하지 않고 업무에 집중하고 있어요.

연습

'-(으)ㄴ/는 가운데'를 사용해서 보도하듯이 말해 보세요.

	상황	새로운 소식
보기	시청에 교육부 관계자 및 학부모가 모였다	학교 폭력 예방하기 위한 토론회가 열렸다
①	경기 불황으로 서민들이 생활고에 시달리다	물가가 가파른 상승세를 보이고 있다
②	전국적으로 가뭄이 지속되다	이달 말부터 많은 비가 와 가뭄이 다소 해소될 것으로 예상되다
③	출산율이 점점 낮아지고 있다	정부는 대책 마련에 고심하고 있다
④	무더위로 여름 용품이 잘 팔리다	기업들은 앞다퉈 신제품을 출시하고 있다

A 학교 폭력을 예방하기 위한 토론회가 열렸다고 합니다. 김수진 기자가 보도합니다.

B 오늘 시청에 교육부 관계자 및 학부모가 모인 가운데 학교 폭력을 예방하기 위한 토론회가 열렸습니다.

- 간판
- 당락
- 동요하다
- 생활고
- 가파르다
- 고심하다

02 -다 못해

23

학업에 대한 스트레스를 이기지 못해서 결국 다른 방법을 찾을 때 어떻게 표현할까요?

A 왜 다음 학기에 휴학하려고 해요?

B 이번 학기 내내 공부에 대한 부담 때문에 힘들었어요. 스트레스를 견디다 못해 휴학을 신청하게 됐어요.

문법

'V+다 못해'는 어떤 행위나 상태가 극에 달해 그것을 더 이상 유지할 수 없음을 나타낸다.

예 아이의 버릇없는 행동을 보다 못해 결국 엄마는 매를 들었다.
수진은 식당에서 주문한 음식이 입에 맞지 않아 먹다 못해 남기고 말았어요.

연습

문제를 그대로 두고 보기 힘들어 하게 된 행동에 대해 '-다 못해'를 사용해서 말해 보세요.

	문제	한 일
보기	시시콜콜 참견을 하는 상사 때문에 고민했다	이직을 결심하게 됐다
①	인근 공사장에서 들리는 소음이 심각한데 계속 들었다	시청에 신고를 했다
②	수업 시간에 토론 중 상대방의 말을 반박하고 싶어 말할 순서를 기다렸다	결국 중간에 끼어들었다
③	지하철에서 큰소리로 전화를 하는 사람이 있어서 봤다	조용히 해 달라고 말을 꺼냈다
④	피서지의 식당에서 바가지를 써서 화를 내며 항의했으나 소용없어 참다	소비자고발센터에 전화했다

A 표정이 왜 그래요? 무슨 일 있어요?

B 시시콜콜 참견을 하는 상사 때문에 고민하다 못해 이직을 결심하게 됐어요.

- 버릇없다
- 시시콜콜
- 참견
- 이직
- 인근

Part 1

들어 봅시다

바람직한 교육에 대한 공익 광고 듣기

01 다음은 사회적으로 쟁점이 되고 있는 학교 교육의 문제점입니다. 개선이 시급하다고 생각하는 문제점은 무엇인지 ✔표 하고 그 이유를 이야기해 보세요.

- ▢ 입시 위주의 교육
- ▢ 열악한 교육 환경
- ▢ 과도한 사교육비 지출
- ▢ 체벌을 둘러싼 찬반 논란
- ▢ 교사에 대한 학생들의 불신
- ▢ 예체능 과목의 수업 비중 축소
- ▢ 학생 사이에 일어나는 학교 폭력
- ▢ 기타: ______________________________

02 다음의 공익 광고를 보고 그 속에 담긴 중심 생각은 무엇인지 이야기해 보세요.

(가)

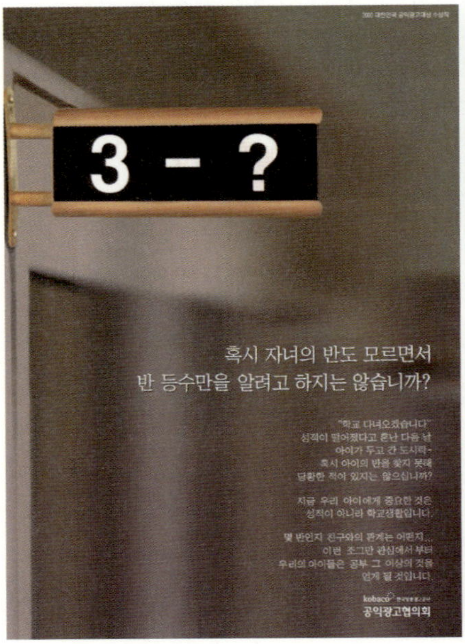

(나)

- 쟁점
- 열악하다
- 체벌
- 불신

03 다음은 바람직한 교육에 대한 공익 광고 세 편입니다. 잘 듣고 물음에 답하세요. 24

(1) 첫 번째 공익 광고에서 여자가 하고자 하는 말은 무엇입니까?

① 꿈이란 크게 꾸면 꿀수록 좋은 것이다.
② 꿈을 말로 구체화하면 그 꿈은 실현된다.
③ 주변 사람들의 도움 없이는 꿈을 이룰 수 없다.
④ 목표가 없어도 최선을 다하면 좋은 결과를 얻는다.

(2) 두 번째 공익 광고의 제목으로 알맞은 것은 무엇입니까?

① 대학교 진학의 필요성
② 자녀의 재능을 찾는 방법
③ 입시 위주 교육이 잘못된 이유
④ 진정한 교육을 위한 부모의 노력

(3) 세 번째 공익 광고의 내용과 다른 것은 무엇입니까?

① 학원에 다니더라도 성적이 오르지 않을 수 있다.
② 지나친 사교육비 지출이 가정 경제를 위협하고 있다.
③ 많은 학생들이 학교보다는 학원에서 공부에 집중하는 경향이 있다.
④ 지난해 경기가 좋지 않았기 때문에 각 가정에서는 사교육비 지출을 줄였다.

04 여러분은 바람직한 교육을 위해 어떤 노력을 해야 한다고 생각합니까? 진정한 의미의 교육을 위해 가정 차원, 학교 차원, 사회 차원에서 할 수 있는 노력은 무엇인지 이야기해 보세요.

· 차원

Part 1

말해 봅시다

능력별 학급 운영에 대해 토론하기

01 다음은 능력별 학급 운영에 대한 설문 조사 결과입니다. 응답자들이 능력에 따른 반 편성에 대해 찬성 혹은 반대하는 이유는 무엇인지 이야기해 보세요.

능력별 학급 운영에 대해 어떻게 생각하십니까?

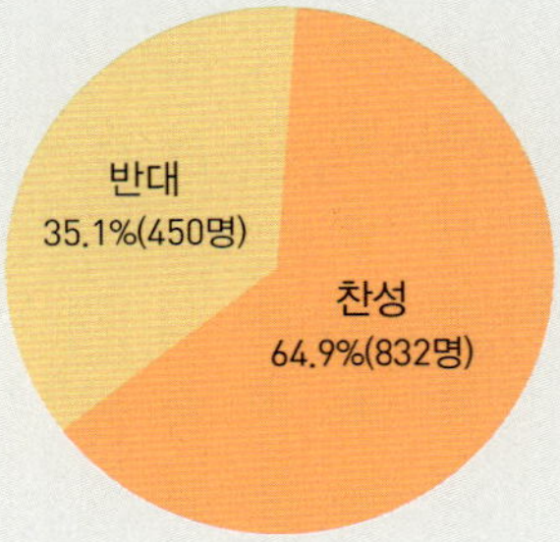

올해 초 고등학교 교사를 대상으로 '능력별 학급 운영에 대해 어떻게 생각하십니까?'라는 설문 조사를 실시한 결과, 응답자 1282명 가운데 832명은 학업 성취도를 높이기 위해 반을 능력별로 나누는 것이 필요하다고 대답했다. 그러나 450명은 능력별 학급 운영이 학생들에게 큰 도움은 되지 않으면서 상처만 줄 수 있다며 반대했다.

02 두 사람은 능력별 학급 운영에 대해서 토론하고 있습니다. 두 사람의 주장과 그 근거를 찾아 정리해 보세요.

논제: 학업 성취도를 높이기 위해 능력별 학급 운영은 꼭 필요하다.

성적 향상을 목적으로 능력별로 반을 나누는 것에는 많은 부작용이 따를 거라고 봅니다. 그렇지 않아도 입시 위주의 교육으로 인해 인성을 함양하기 위한 교육이 제대로 이루어지지 못하고 있는데 능력별 학급 운영은 경쟁만을 부추기는 것은 아닐지 우려가 됩니다. 학생들이 성적만을 중요시하고 같은 반 친구를 경쟁자로만 여기게 되지는 않을까요? 이는 인성 교육의 측면에서도 바람직하지 않다고 생각합니다만…….

아니, 잠깐만요. 능력별로 반을 나누어 수업을 한다고 해서 인성 교육을 완전히 포기하는 것이라고 생각하지는 않습니다. 그리고 인성 교육도 중요하지만 학생들의 학습 의욕도 고려해야 한다고 보는데요. 학생의 수준에 따라 맞춤 수업을 하면 학생들은 수업에 더 흥미를 느끼고 집중할 수 있게 되어 학업 성취도도 높아질 겁니다.

- 성취도
- 함양하다
- 부추기다
- 원활하다

	주장	근거
수진		
마이클		

03 여러분은 학업 성취도를 높이기 위해 능력별로 학급을 운영하는 것이 필요하다고 생각합니까? 자신의 주장과 근거를 정리해 보세요.

주장	
근거	• • • • •

04 정리한 내용을 바탕으로 능력별 학급 운영에 대해 토론해 보세요.

기능 표현

상대방의 발언 중 끼어들어 말하기

- A: 학생 사이에 학업 성취도 차이가 심해서 수업이 원활하게 진행되지 않는 경우도 있는데요.
  B: **아니, 잠깐만요.** 학업 성취도 **말이 나온 김에 말씀드리고 싶은데요.** 능력별로 반을 나누어 수업을 하면 학업 성취도의 격차는 더 벌어질 거라고 봅니다.
- A: 성적이 낮은 집단에 속하게 된 학생들은 자신보다 나은 친구들을 보며 자극을 받을 수도 없고 자신감도 잃게 될 겁니다. 능력별 학급 운영이 교육적으로 얼마나 큰 부작용을 가져올지는 말씀드리지 않아도 아실 텐데…….
  B: **네. 그것에 대해서는 제가 먼저 대답하겠습니다.** 물론 심리적으로 박탈감을 느낄 학생들이 있을 겁니다. 그렇지만 수준별로 가르치지 못해 공교육이 흔들리고 사교육비가 증가하는 문제를 그냥 두고 볼 수만은 없지 않겠습니까?

· 격차
· 박탈감
· 공교육

Part 2

준비합시다

01 -아/어 치우다

책임자를 갑자기 다른 사람으로 바꾸려고 합니다. 이 상황을 어떻게 표현할까요?

A **이번 교육 정책의 실패에 대해 담당자가 책임을 지고 자리에서 물러나야 하지 않을까요?**

B **글쎄요. 담당자를 갈아 치우는 것이 근본적인 해결책은 아닌 것 같아요.**

문법

'V+아/어 치우다'는 어떤 행동을 빠른 속도로 완전히 끝냄을 나타낸다. 주로 동사 '갈다, 먹다, 팔다' 등과 어울려 쓰인다.

예 김민수는 세계 선수권 대회에서 자신이 세운 종전의 세계 기록을 갈아 치웠다.
어제 저녁, 요코는 앉은 자리에서 순식간에 아이스크림 한 통을 먹어 치웠어요.

연습

다음에서 맞는 단어를 고르고 '-아/어 치우다'를 사용해서 문장을 완성해 보세요.

갈다 먹다 팔다 하다

보기	박준수 감독의 이번 신작이 모든 흥행 기록을 <u>갈아 치우며</u> 한국 영화의 역사를 새로 쓰고 있다.
①	서울 핫도그 먹기 대회의 참가자들이 시작을 알리는 벨 소리와 함께 핫도그를 눈 깜짝할 사이에 ____________.
②	이화전자가 올해 상반기에만 500만 대의 스마트 폰을 ____________.
③	성격이 급한 사람은 무슨 일이든 빨리빨리 ____________ 실수를 하곤 한다.

· 종전
· 신작
· 상반기

읽어 봅시다

학교의 사회적 기능에 대한 칼럼 읽기

01 다음은 학교 교육이 담당하는 주요 기능입니다. 가장 중요하다고 생각하는 기능을 골라 ✔표 하고 그 이유를 이야기해 보세요.

- ▢ 기초적인 지식이나 기술을 습득할 수 있게 한다.
- ▢ 축적된 문화와 가치관을 전문적이고 효과적으로 전달한다.
- ▢ 인간다운 생활을 할 수 있도록 기초적인 교양을 쌓게 한다.
- ▢ 개인의 능력이나 소질을 찾아 계발하고 진로를 결정할 수 있게 한다.
- ▢ 한 개인이 다른 사회 구성원들과 어울려 살아갈 수 있도록 사회적 존재로 만든다.
- ▢ 기타: ______________________________

02 다음은 고등학생의 학업 중단 실태에 대한 신문 기사의 일부입니다. 다음을 읽고 물음에 답해 보세요.

> 10년 전에는 고등학생이 학업을 중단하는 가장 큰 이유가 '가정 형편'이었다. 그러나 지난해 '교육 통계 분석 자료집'을 보면 고교 학업 중단자는 3만 8887명이었는데 학업 중단의 원인으로 '학교생활 부적응(45.1%)'이 가장 높게 나타났다. '유학, 이민'(36.2%), '가족 문제(11.6%)', '질병(5.8%)', '품행(1.2%)' 등이 뒤를 잇고 있어 달라지고 있는 세태를 엿볼 수 있다.
>
> 교육과학기술부는 학교마다 전문 상담 교사를 배치해 학교를 그만두려는 학생들에게 2주 이상 전문가의 상담을 받게 하거나 학교 복귀 프로그램에 참여하게끔 하고 있다.

(1) 고등학생들이 학업을 중단하는 원인은 어떻게 바뀌었는지 이야기해 보세요.

(2) 학업을 중단하는 학생 수를 줄이기 위해 정부는 어떤 노력을 하고 있습니까? 그 외에도 정부가 할 수 있는 노력에 대해서 이야기해 보세요.

- 축적되다
- 실태
- 품행
- 배치하다
- 복귀

03 학교의 사회적 기능에 대한 칼럼입니다. 잘 읽고 물음에 답하세요.

26

오늘의 칼럼

우리는 왜 학교에 가야 하나?

김주원 (○○대학교 교육학과 교수)

학교를 그만두는 청소년이 한 해 7만 명이 넘는다는 보고가 있다. 웬만한 지방 중소 도시의 인구와 맞먹는 청소년들이 학교에서 사라지고 있는 것이다. 학교생활 부적응, 가정불화로 인한 가출, 비행 등 다양한 이유로 많은 아이들이 학업을 중도에 포기하고 있다.

학교를 벗어난 청소년들이 모두 사회의 관심 밖으로 밀려나 위기에 놓여 있는 것은 아니다. 그중에는 대안 학교나 홈스쿨링과 같이 다른 배움의 길을 찾아가는 경우도 있다. 정규 교육에서 벗어나 대안을 찾자는 취지로 세워진 대안 학교에서 자신의 잠재력을 확인하고 꿈을 키우는 학생들도 늘고 있다. 천편일률적인 학교 교육의 방식과 내용은 학생과 학부모를 만족시키기에는 역부족이었던 만큼 대안 학교와 홈스쿨링이 학교 교육에 새로운 바람을 불러일으키고 있는 것은 분명해 보인다. 그러면 대안 학교나 홈스쿨링이 학교 교육을 대신할 수 있을까? 대안 학교나 홈스쿨링은 부모의 경제적인 뒷받침이 없다면 받기 힘들다는 점, 대안 학교의 경우 학생의 실력 차가 커서 수업 운영에 어려움이 있다는 점, 홈스쿨링은 부모의 역량에 크게 의존하게 된다는 점 등을 고려할 때 그러기는 힘들 것으로 보인다. 또한 우리가 다음에서 살펴볼 학교가 가진 사회적 기능은 다른 교육 기관이나 제도가 대신할 수 없는 것이다.

학교가 가진 기능 중에서 가장 주목할 만한 것은 사회 구성원을 하나로 모아 주는 사회적 통합 기능이라고 할 수 있다. 예로부터 학교는 기존 사회의 생활 양식과 가치 및 규범을 전수해 왔다. 이를 통해 학교라는 공간은 우리가 공동체 의식을 갖게 하는 구심점 역할을 하는 것이다. 지식 사회로 접어들면서 지식의 양이 폭발적으로 증가되었기 때문에 학교 교육이 그 속도를 따라가기 힘든 것은 사실이나 학교만큼 사회 통합 기능을 잘 수행할 수 있는 곳도 없다. 또 하나의 주요 기능은 사회에서 필요로 하는 인재를 양성하는 것이다. 학교는 재능 있는 사람을 분류하고 선발하여 적재적소에 배치하는 역할을 담당한다. 즉 학교는 많은 사람들이 보다 높은 지위를 획득하기 위해 경쟁하도록 동기를 부여함으로써 사회가 필요로 하는 인재를 양성하는 것이다. 사회의 혁신적인 변화를 가능하게 한다는 점도 학교가 가진 사회적 기능 중의 하나이다. 학교는 현존하는 사회 규범이나 가치관을 변화시키고 새로운 지식이나 발명, 발견을 통해 사회의 발전을 돕는 구실도 한다. 특히 대학교에서 이루어지는 연구들은 사회의 긍정적 변화와 발전적 성장에 공헌해 왔다고 할 수 있다.

이처럼 학교는 개인이 사회의 구성원으로서 활동할 수 있게 하고 사회의 긍정

- 맞먹다
- 가정불화
- 중도
- 정규 교육
- 천편일률
- 구심점
- 전수하다
- 선발하다
- 적재적소

적 발전에도 기여하는 교육 기관이다. 이것이 우리가 인생의 많은 시간을 학교에서 보내야 하는 이유이기도 하다. 물론 가치관과 생활 양식의 변화로 앞으로 현재 학교의 형태와 기능이 그대로 유지되기는 힘들 것이다. 그러나 핵가족화로 가정의 교육적 기능이 과거보다 많이 약화된 요즘, 학교가 개인이 한 사회의 구성원으로서 행복하게 살아가게 돕는 공간으로 거듭날 수 있도록 모두가 힘을 모아야 할 때이다.

(1) 이 글의 전개 방식에 대한 설명으로 알맞은 것은 무엇입니까?

① 자신이 질문을 던지고 대답하는 방식으로 글을 쓰고 있다.

② 다른 사람의 의견을 반박하면서 자신의 주장을 펼치고 있다.

③ 구체적인 일화를 독자에게 소개함으로써 자신의 주장을 뒷받침하고 있다.

④ 주제와 관련 있는 저서의 내용을 언급하면서 독자의 흥미를 유발하고 있다.

(2) 대안 학교와 홈스쿨링이 가진 문제점은 무엇인지 쓰세요.

① 부모가 경제적으로 ________________ 교육을 받기 힘들다.

② 대안 학교의 학생들은 ________________________________.

③ 홈스쿨링은 ________________________________.

(3) 현재 학교의 형태와 기능이 그대로 유지되기 힘든 이유는 무엇입니까?

(4) 학교의 사회적 기능을 정리해 보세요.

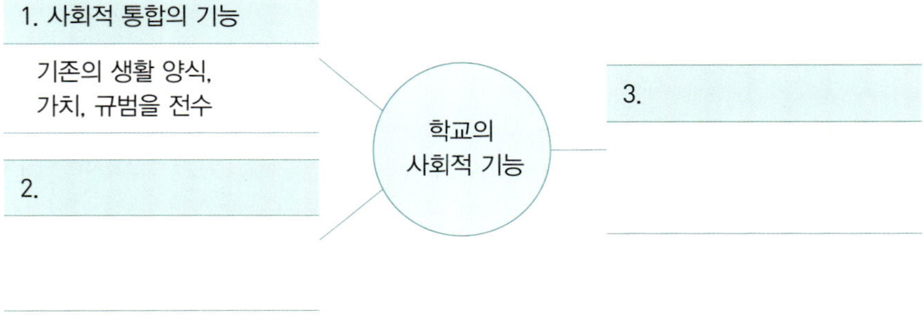

04 여러분은 학교에 다녀야 한다고 생각합니까? 그 이유를 이야기해 보세요.

Part 2

써 봅시다

학교 교육의 문제 해결을 위한 투고문 쓰기

01 다음은 한 교사가 학교 교육의 문제를 해결하기 위해 쓴 투고문의 일부입니다. 이 글은 어떤 형식으로 구성되어 있는지 이야기해 보세요.

구성	방법	내용
제목		인성 교육으로 행복한 학교 만들기
들어가는 말	① 자료를 인용해서 문제를 제기하기	① 경찰청이 발표한 학교 폭력 실태 조사 자료에 따르면 고교생 10명 중 1명은 학교 폭력으로 인해 고통받은 적이 있다고 한다. 학교 폭력으로 수면 장애에 시달리거나 자살 충동을 겪는 학생도 적지 않다고 하니 이 문제를 그냥 덮어 둘 수만은 없다.
본문	② 현상을 통해 사실을 진단하고 문제점을 분석하기	② 또래 집단에서 흔히 겪을 수 있는 다툼이라고 하기에는 학교 폭력의 정도는 심각한 수준이다. 학교와 사회가 나서서 아이들의 이야기를 들어 보고 해결책을 찾아야 할 때이다.
	③ 사회 문제에 대해 원인을 진단하기	③ 학교 폭력의 원인 중 하나는 그동안 학교 교육이 학생들의 인성을 함양하는 데 소홀했다는 것이다. 입시 위주의 교육으로 인성 교육은 등한시했던 게 사실이다.
	④ 타당한 해결책을 제시하기	④ 이런 가운데 음악 교육과 자원 봉사 활동을 통해 인성 교육을 강화함으로써 학교 폭력을 예방하는 학교가 있어 눈길을 끌고 있다. 모든 학생이 악기 한 가지씩 연주하도록 지도하고 정기적으로 복지 시설을 찾아 봉사 활동을 하게 하는 것이다. 다양한 활동에 힘입어 중도 탈락이나 학교 폭력이 사라졌다고 하니 인상적이다.
맺는말	⑤ 자신의 생각을 정리하고 마무리 짓기	⑤ 학교 폭력을 예방하기 위한 갖가지 방안이 쏟아져 나오고 있다. 그러나 인성 교육을 강화함으로써 즐거운 학교 문화를 만드는 것이 가장 근본적인 해결책일 것이다.

- 경찰청
- 인성
- 또래
- 등한시하다
- 힘입다
- 탈락

02 여러분은 학교 교육에 어떤 문제가 있다고 생각합니까? 해결해야 할 문제점과 그 해결 방안을 정리해 보세요.

학교 교육의 문제점	
해결 방안	

03 학교 교육의 문제를 해결하기 위한 투고문의 개요를 작성해 보세요. 그리고 정리한 내용을 바탕으로 투고문을 써 보세요.

제목: ____________________

들어가는 말	
본문	(1)
	(2)
	(3)
맺는말	

04 친구들이 쓴 투고문 중 실현 가능성이 높은 해결 방안이 제시된 글은 무엇인지 이야기해 보세요.

과제 활동

학교의 인성 교육 강화 방안에 대한 좌담회 열기

01 다음은 좌담회의 진행 순서입니다. 다음을 읽고 물음에 답해 보세요.

시간	진행 순서	발언 내용
2분	사회자가 좌담회의 시작 알리기	지금부터 '학교의 인성 교육 강화 방안'에 대한 좌담회를 시작하겠습니다.
3분	출연자 소개하기	오늘 좌담회에는 이화고등학교 교사 김이수 선생님, 좋은부모회 윤이나 회장님, 한국대학교 박진희 교수님께서 참석하셨습니다.
30분	좌담회의 주제에 대해 밝히기	오래 전부터 입시 위주의 교육으로 인해 학교의 인성 교육이 제대로 이루어지지 못하고 있다고 지적하는 목소리가 높습니다. 흔들리는 학교를 바로 세우고 학생들의 인성을 함양시킬 수 있는 방안에는 어떤 것이 있을지 의견을 들어 보겠습니다.
	좌담회 참여자들의 발언 및 토론	교사 김이수: 인성 교육 방안에 대해서 논의하기에 앞서 우선 인성 교육이 왜 필요한가에 대해서 살펴볼 필요가 있을 것 같습니다. 그리고 학교가 입시를 위한 학원이 아님을 짚고 넘어갔으면 합니다.
		윤이나 회장: 네, 저도 그 의견에 전적으로 동의합니다. 왜 학교와 가정에서 인성 교육이 등한시되어 왔는가를 알아야 해결책을 찾을 수 있다고 봅니다.
		박진희 교수: 그런데 인성 교육을 중요시하는 것은 물론 좋은 일이지만 그동안 한국 사회 발전을 이끌어 온 한국의 교육열을 부정적으로 평가하는 것은 문제가 있지 않을까요?
10분	청중 질문 유도와 참여자 답변	그럼 이어서 청중의 질문을 받도록 하겠습니다. 좌담회를 지켜보시면서 궁금하셨던 점들에 대해 질문해 주십시오.
5분	좌담회 내용 정리	이번 '학교의 인성 교육 강화 방안'에 대한 좌담회에서는 각계각층의 참여자들이 좋은 제안을 해 주셨습니다.

(1) 좌담회는 어떤 순서로 진행되고 있습니까?

(2) 이 좌담회에서 사회자, 참여자, 청중은 어떤 역할을 하고 있습니까?

- 좌담회
- 교육열

02 학교의 인성 교육 강화 방안에 대한 좌담회를 열려고 합니다. 다음을 읽고 정해 보세요.

(1) 다음 좌담회 의제를 보고 논의할 내용을 순서대로 정리해 보세요.

의제: 학교의 인성 교육을 강화하기 위한 방안은 무엇인가?

입시 위주의 교육으로 인해 학교의 인성 교육이 제대로 이루어지지 못하고 있다고 지적하는 목소리가 높다. 과연 학교의 인성 교육을 강화하기 위해 우리가 할 수 있는 노력에는 어떤 것이 있을지 생각해 보자.

현재 학교의 인성 교육 실태 살펴보기	→	인성 교육의 부재로 발생하는 문제 지적하기	→		→		→	내용 정리하기

(2) 여러분이 좌담회에서 맡을 역할을 정해 보세요.

☐ 교육 전문가 ☐ 교사 ☐ 사회자 ☐ 교육 관련 단체 대표
☐ 학생 ☐ 학부모 ☐ 청중 ☐ 기타: __________

(3) 의제에 대한 자신의 의견과 그 의견을 뒷받침할 자료를 정리해 보세요.

의견	
뒷받침 자료	

03 각자 맡은 역할에 따라 50분짜리 좌담회를 열어 보세요.

04 좌담회가 끝난 후 좌담회에서 성공적으로 진행되었던 부분과 미흡했던 부분에 대해 이야기해 보세요.

· 부재
· 미흡하다

어휘 확장

집중 관련 표현

27

01 다음은 집중과 관련이 있는 표현입니다. 그 의미를 추측해 보세요.

집중

- 눈에 불을 켜다
- 한 우물을 파다
- 심혈을 기울이다
- 촉각을 곤두세우다
- 정신을 가다듬다

02 다음 대화를 완성해 보세요.

(1) A: 자동차 설계 분야에서 최고의 전문가로 인정받으셨는데요, 후배들에게 한 말씀해 주십시오.

B: 자신의 자리에서 묵묵하게 ______________________ 언젠가는 남들로부터 인정받게 되는 것 같습니다. 자신이 좋아하는 일을 즐기며 꾸준히 노력하는 게 중요하다는 것을 명심했으면 합니다.

(2) A: 너 아까 이 자료를 찾고 있었던 거 아니야?

B: 응, 어디에서 찾았어? 오전 내내 ______________________ 찾을 때는 보이지도 않더니…….

(3) A: 학기 말에 수학여행 갈 생각에 기분이 들떠서 도저히 공부가 안 돼.

B: 나도 그렇기는 해. 그래도 곧 기말 시험이 있으니까 어지러운 __________ ______________ 시험공부에 열중하기로 마음먹었어.

03 여러분이 살아오면서 심혈을 기울였던 일은 무엇입니까? 여러분이 최선을 다해 노력했던 일이 무엇인지, 그 결과는 어땠는지 이야기해 보세요.

- 묵묵하다
- 명심하다
- 들뜨다

사자성어

박학다식 일취월장 팔방미인

28

01 다음 문장을 보고 사자성어의 의미를 추측해 보세요.

(1) 독서량이 많아서 **박학다식**한 리처드 씨는 아무리 어려운 질문에도 척척 대답을 해내는 사람이다.

(2) 댄스 동아리는 학기 초에는 기본기가 부족해 애를 먹었지만 한 학기 동안 춤 실력을 갈고 닦아 무대에서 **일취월장**한 모습을 선보였다.

(3) 누구나 여러 분야에서 남다른 두각을 나타내는 **팔방미인**이 되고 싶어 하지만 현실적으로 그렇게 되기는 어렵다.

02 다음 사자성어의 의미를 찾아 연결해 보세요.

(1)	박학다식	•	•	학식이 넓고 아는 것이 많음
(2)	일취월장	•	•	여러 방면에 능통함
(3)	팔방미인	•	•	나날이 다달이 자라거나 발전함

03 사자성어를 사용해서 대화를 완성해 보세요.

(1) A: 어머, 무슨 아이 책이 이리 많아요? 정리하기 힘들지 않아요?
B: 아이가 책을 워낙 좋아해서 이것저것 사 주다 보니 그렇게 됐어요. 그래도 이 책들 덕분에 아이가 점점 ______________해지고 있는걸요.

(2) A: 이화고등학교 축구팀이 이번 대회에서 우승했다면서요?
B: 전력이 약하다고 알려져 있었는데 지속적인 훈련으로 경기력이 ______________했다고 해요.

(3) A: 마이클 씨는 고등학교 시절에도 인기가 대단했을 것 같아요.
B: 네, 마이클 씨의 동창한테서 들었는데요. 공부면 공부, 노래면 노래, 운동이면 운동, 정말 못하는 게 없는 ______________(이)라서 인기가 많았대요.

- 척척
- 남다르다
- 두각
- 학식
- 능통하다
- 전력

04 여러분의 한국어 실력은 일취월장하고 있습니까? 한국어 실력을 기르기 위해 어떤 노력을 하고 있는지, 그 노력을 통해 어떤 결과를 얻었는지 이야기해 보세요.

제5과

한국의 문자와 언어

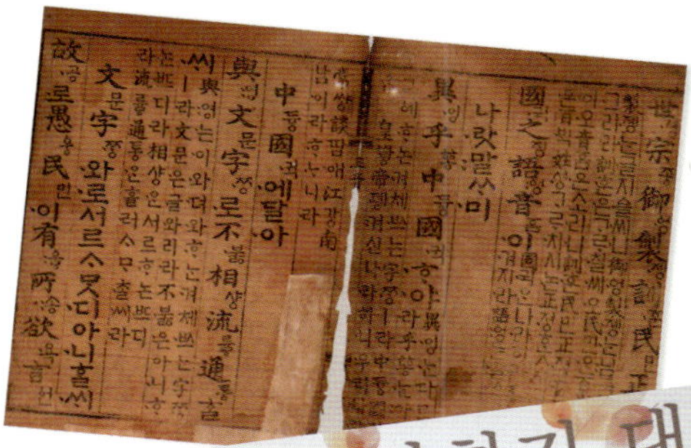

제5과 한국의 문자와 언어

Part 1	준비합시다	1 –자니　　2 –네 –네 하다
	들어 봅시다	한글 창제와 과학성에 대한 강연 듣기
	말해 봅시다	문자의 특징에 대해 발표하기
Part 2	준비합시다	1 –되
	읽어 봅시다	한국어 조사의 특징에 대한 설명문 읽기
	써 봅시다	한국어의 특징에 대한 설명문 쓰기
Part 3	과제 활동	한글과 한국어에 대한 퀴즈 대회 열기
	어휘 확장	말 관련 표현
	사자성어	단도직입　왈가왈부　횡설수설

Part 1

준비합시다

01 -자니

29

남자 친구와 싸운 후 먼저 전화하고 싶지만 그렇게 하기 곤란할 때 어떻게 표현할까요?

A 어제 남자 친구와 싸웠는데 제가 먼저 전화하자니 자존심이 상하고…….
B 남녀 관계에 자존심이 어디 있어요? 그냥 빨리 전화해 보세요.

문법

'V+자니'는 어떤 일을 할 의도가 있지만 실제로 그 일을 하려고 할 때 어떤 느낌이 있음을 나타낸다.

예 좁은 방에서 다섯 명이 생활하자니 여간 불편하지 않아요.
나 혼자만 맛있는 걸 먹자니 집에 있는 가족들이 마음에 걸렸다.

연습

다음의 상황에서의 고민에 대해 '-자니'를 사용해서 말해 보세요.

	상황	고민	조언
보기	집들이 후에 음식이 남았다	음식을 버릴까, 말까?	냉동실에 넣어 두다
①	윗집에서 밤마다 개가 짖는 소리가 들려서 잠을 푹 못 자다	얼굴을 맞대고 직접 말할까, 말까?	우선 경비 아저씨께 연락해서 윗집에 말을 전하다
②	면접시험을 위해 면접용 정장이 필요하다	친구에게 빌릴까, 말까?	상설 할인 매장에 가다
③	살을 빼고 싶은데 바빠서 운동하기가 쉽지 않다	살 빠지는 약을 복용할까, 말까?	약을 먹기보다는 소식하는 습관을 들이다
④	창업을 하기에 자금이 부족하다	은행에서 집을 담보로 대출을 받을까, 말까?	부어 놓은 적금을 해약하다

· 맞대다
· 상설
· 담보

A 집들이 후에 음식이 많이 남았어요. 버리자니 아까운데 어떻게 하면 좋을까요?
B 냉동실에 넣어 두면 어때요? 반찬이 없을 때 꺼내 먹으면 좋을 것 같은데요.

02 -네 -네 하다

30

한국어 공부에 대한 여러 가지 의견을 나열할 때 어떻게 표현할까요?

A 한국어를 공부해 보니 어때요?

B 한국어가 쉽네 어렵네 해도 막상 해 보니까 할 만해요.

문법

'A/V+네 A/V+네 하다'는 어떤 상태나 상황에 대해 이런저런 말을 많이 함을 나타낸다.

예 잘하네 못하네 해도 출연자를 섭외하는 일에는 수정 씨가 적임자다.
현수는 일이 많네 월급이 적네 하더니 결국 회사를 옮기기로 했대요.

연습

한국 생활에 대한 여러 의견에 대해 '-네 -네 하다'를 사용해서 말해 보세요.

	한국 생활	사람들이 말하는 내용	사실
보기	한국 음식	손이 많이 가다/조리법이 복잡하다	요리책대로 만들면 웬만큼 맛이 나다
①	한국 사람	칭찬에 인색하다/사귀기 어렵다	알고 보면 정이 많고 따뜻하다
②	한국어	발음이 까다롭다/호칭이 헷갈리다	배우다 보면 요령이 생겨 재미있다
③	재래시장	흥정이 잘 안 되다/주차 공간이 부족하다	다양하고 좋은 물건을 저렴하게 사다
④	운전	차가 쌩쌩 달려 차선을 바꾸기 힘들다/갑자기 끼어드는 차가 많다	표지판이 잘 돼 있어서 어디든지 수월하게 갈 수 있다

- 손이 가다
- 인색하다
- 흥정
- 끼어들다

A 한국에 와서 한국 음식을 직접 만들어 보니 어때요?

B 손이 많이 가네 조리법이 복잡하네 해도 요리책대로 만들면 웬만큼 맛이 나는 것 같아요.

Part 1

들어 봅시다

한글 창제와 과학성에 대한 강연 듣기

01 다음은 한글 자음과 모음의 일부입니다. 문자와 그 이름을 연결해 보세요.

(1)	·	• •	기역
(2)	ㄱ	• •	니은
(3)	ㅅ	• •	미음
(4)	ㅁ	• •	시옷
(5)	ㄴ	• •	으
(6)	ㅡ	• •	아래아

02 휴대 전화로 다음 메시지를 보내려고 합니다. 문장을 완성하려면 글자를 어떤 방식으로 조합해야 하는지 이야기해 보세요.

모임 장소가 이화여자대학교 후문으로 바뀌었습니다.

· 창제
· 조합하다

03 다음은 한글 창제와 과학성에 대한 강연입니다. 잘 듣고 물음에 답하세요. 31

(1) 두 사람은 무엇에 대해 이야기하고 있습니까?

① 세종대왕의 생애와 업적
② 한글의 변천 과정과 역사
③ 한글의 제자 원리와 표기법
④ 한글의 창제 배경과 과학성

(2) 들은 내용과 다른 것은 무엇입니까?

① 한글은 글자 모양에 소리의 특성이 반영된 문자이다.
② 양반층은 새로운 문자를 만드는 데 적극적으로 동참했다.
③ 한글 창제 이전에는 백성들이 말을 기록하는 데 어려움을 겪었다.
④ 한글은 획을 추가하면서 다른 글자를 만드는 방식을 따르고 있다.

(3) 다음의 자음과 모음은 무엇을 본떠서 만들었습니까? 연결해 보세요.

①		•	•	ㅁ
②		•	•	ㅡ
③		•	•	ㅅ
④		•	•	ㅣ

04 여러분이 알고 있는 한글의 특징은 무엇입니까? 한글의 특징에 대해 이야기해 보세요.

- 제자
- 표기법
- 획
- 본뜨다

Part 1 말해 봅시다

문자의 특징에 대해 발표하기

01 다음은 여러 가지 문자입니다. 문자의 이름과 그 예를 연결하고, 어떤 언어의 문자인지 이야기해 보세요.

(1)	로마자	•	• あ, か, さ, た, な
(2)	가나 문자	•	• ت, ص, ف, ى, ي
(3)	키릴 문자	•	• a, b, c, d, e, f, g
(4)	한자	•	• Б, Г, Ж, Ф, Ч
(5)	아랍 문자	•	• 水, 人, 心, 手, 木

02 다음은 한글에 대한 설명입니다. 다음을 읽고 표를 완성해 보세요. 그리고 한글에 대해 이야기해 보세요.

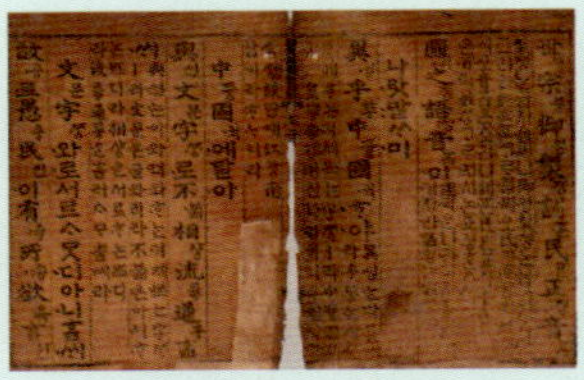

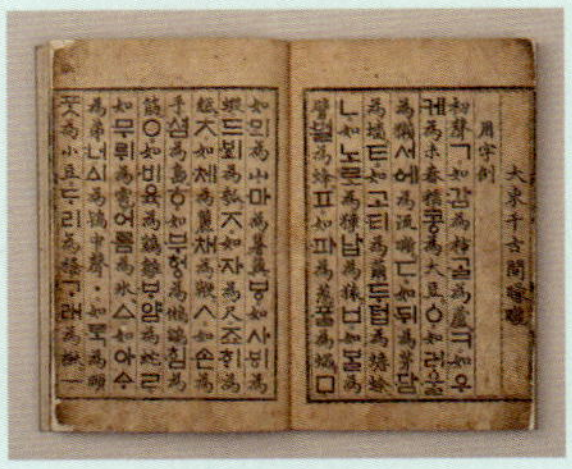

한글은 한국어에서 사용되는 문자로 1443년 세종대왕이 훈민정음이라는 이름으로 창제하여 1446년에 반포했다.

한글의 자모는 발음 기관과 천지인을 본떴으며 기본자에 세로나 가로로 획을 더하거나 겹쳐 써서 새로운 글자를 만들었다. 이렇게 만들어진 한글은 현재 'ㄱ, ㄴ, ㄷ, ㄹ, ㅁ' 등의 자음 19개, 'ㅏ, ㅑ, ㅓ, ㅕ' 등의 모음 21개, 총 40개의 글자로 구성되어 있다.

한글은 자음과 모음을 구분하여 적는 글자이면서도 자음과 모음을 모아쓰는 독특한 표기 방식을 채택하고 있다. 가령 로마자는 'school', 'sky'처럼 각각의 글자를 가로로 풀어서 쓰지만 한글은 'ㅎㅏㄱㄱㅛ', 'ㅎㅏㄴㅡㄹ'처럼 가로로 풀어 쓰지 않고 '학교', '하늘'처럼 가로세로로 음절을 묶어서 쓴다. 단어나 문장을 쓸 때는 일반적으로 왼쪽에서 오른쪽으로 쓰지만 간판이나 책 제목은 세로로 쓰기도 한다.

- 훈민정음
- 창제하다
- 반포하다
- 천지인
- 채택하다
- 모아쓰다

문자의 명칭	한글	사용 언어	
제자 원리	• 발음 기관과 천지인을 본떴음 •		
개수	• 총 40개의 자음과 모음으로 구성됨		
표기 방법	• 글자를 적을 때는 모아쓰기를 함 •		
기타	•		

03 여러분 언어에서 사용하고 있는 문자는 무엇입니까? 그 문자의 특징에 대해 정리해 보세요.

문자의 명칭		사용 언어	
제자 원리			
개수			
표기 방법			
기타			

04 정리한 내용을 바탕으로 문자의 특징에 대해 발표해 보세요.

기능 표현

청중의 이해를 도우며 말하기

- 여러분도 **다 아시다시피** 한글은 한국어에서 사용되는 문자로 1443년에 세종대왕이 훈민정음이라는 이름으로 창제했습니다.
- **보시는 바와 같이** 한글은 왼쪽에서 오른쪽으로 쓰는 데 반해 아랍 문자는 오른쪽에서 왼쪽으로 쓴다는 점에서 차이가 있습니다.
- 다들 지난 수업**에서 들으셨겠지만** 로마자는 자음 21개, 모음 5개로 구성되어 있습니다.

Part 2

준비합시다

01 -되

32

집에서 돌잔치를 하더라도 음식의 종류를 최소화하면 부담이 적음을 어떻게 표현할까요?

A 수진 씨, 곧 우리 애 돌인데 집에서 돌잔치를 하자니 좀 막막해요.

B 돌상을 차리되 음식 종류를 줄이면 그렇게 부담스럽지는 않을 거예요.

문법

'V+되'는 어떤 사실을 인정하지만 그것에는 단서가 붙음을 나타낸다. 단, '있다', '없다', '-았/었-', '-겠-' 뒤에서는 '-으되'를 사용한다.

예 자유롭게 토론하되 반드시 한국어를 사용하십시오.
건강을 위해서 음식을 골고루 먹기는 먹되 지나치게 기름진 음식은 피하세요.

연습

다음 상황에서 지켜야 하는 주의 사항에 대해 '-되'를 사용해서 말해 보세요.

	허용	단서
보기	사정이 있어서 잠시 외출을 하다	몸에 무리가 갈 정도로 하지는 말다
①	서랍 안에 있는 물건을 쓰다	3시에 회의가 있으니까 그전까지는 돌아오다
②	게시판에 공지 사항을 붙이다	다 쓴 후에는 제자리에 갖다 놓다
③	동아리 모임이 있어서 강의실을 사용하다	다음 수업을 위해 뒷정리를 깨끗하게 하다
④	수술한 후에 운동을 하다	무단으로 하면 안 되고 미리 사무실의 확인 도장을 받다

· 제자리
· 뒷정리
· 무단

A 사정이 있어서 잠시 외출을 하려고 하는데 괜찮을까요?

B 네, 괜찮습니다. 단, 외출은 하되 3시에 회의가 있으니까 그전까지는 돌아오세요.

읽어 봅시다

한국어 조사의 특징에 대한 설명문 읽기

01 다음은 한국어의 특징 중 일부입니다. 한국어의 가장 큰 특징이라고 생각되는 것에 ✔표 하고 그 예를 말해 보세요.

- ▢ 감정을 표현하는 어휘가 다양하다.
- ▢ 주어–목적어–서술어의 순서로 말한다.
- ▢ 문장에서 서술어가 중요한 역할을 한다.
- ▢ 사람을 부르는 다양한 호칭어가 존재한다.
- ▢ 맛이나 색깔을 나타내는 표현이 다채롭다.
- ▢ 아랫사람과 윗사람에게 말하는 방법이 다르다.
- ▢ 미묘한 어감의 차이를 드러내는 감각어가 많다.
- ▢ 소리나 모양을 흉내 내는 의성어, 의태어가 발달되어 있다.
- ▢ 주어, 목적어 등의 문장 성분을 나타내는 조사가 발달되어 있다.
- ▢ 기타: ______________________________

02 다음은 맥주를 사러 간 남자가 가게 주인에게 하는 말입니다. (1)과 (2)의 문장에 어떤 차이가 있는지 이야기해 보세요.

· 조사
· 주어
· 목적어

Part 2 읽어 봅시다

03 한국어 조사의 특징에 대한 설명문입니다. 잘 읽고 물음에 답하세요. 33

한국어 조사의 특징

한국어를 배우는 외국인들은 '이/가', '을/를'과 같이 문장에서 단어의 역할을 나타내는 조사를 초급부터 배우게 된다. 그러나 이렇게 배운 조사가 막상 일상적인 대화에서 자주 생략된다는 것을 알고 실망하곤 한다. 그래서 그 이후부터는 조사를 비교적 중요하지 않게 생각하고 생략해서 쓰는 경향이 있다. 그러나 그렇게 조사를 사용할 경우 문장의 정확성이 떨어질 뿐만 아니라 의사소통에서 낭패를 볼 수도 있다.

일상 대화에서 주어나 목적어임이 분명할 경우 '이/가', '을/를'은 일반적으로 생략할 수 있다. 그러나 여러 가지 중에서 특정한 것을 지정하여 말할 경우에는 '이/가'를 생략할 수 없다. 가령 어린이날을 맞아 이모가 조카에게 어린이날 선물로 장난감을 사 줬다고 치자. 누군가 아이에게 "누가 이 장난감 사 줬어?"라고 물으면 아이는 "이모가 사 줬어요."라고 대답할 것이다. 이런 경우 '이모가'는 주어임이 분명함에도 불구하고 '이모가'에서 '가'를 생략할 수 없다. 다시 말해 '누가', '무엇이', '어떤 것이'라는 질문의 직접적인 대답이 되는 말에서는 조사의 생략이 불가능한 것이다.

또한 꾸며 주는 문장의 주어에 붙은 조사도 생략할 수 없다. "이 목걸이는 오빠가 첫 월급을 타서 사 준 선물이야."라는 문장을 살펴보면 '오빠가 첫 월급을 타서 사 준'이라는 부분이 '선물'이라는 명사를 꾸며 주고 있다. '오빠가'는 명백한 주어지만 '선물'이라는 명사를 꾸며 주는 부분에 속해 있기 때문에 '이/가'를 생략한 "이 목걸이는 오빠 첫 월급을 타서 사 준 선물이야."는 어색한 문장이다.

조사의 생략과 관련해서 짚고 넘어가야 할 것이 또 하나 있다. 조사 생략 여부에 따라 미묘한 어감의 차이가 나는 경우가 그것이다. 말하는 사람의 의도는 억양에 따라 달라지기도 하지만 조사를 통해서 드러날 수도 있다. 예를 들어 회사에서 누군가가 새로 들어온 신입 사원에게 "담배 피워요?"라고 물으면 그 사람은 신입 사원에게 단순히 흡연 여부를 물어보는 것이다. 그런데 며칠 전 금연을 결심한 남편이 담배를 피우고 있는 것을 본 아내가 "담배를 피워요?"라고 말한다면 이것은 남편이 담배를 피우는지 피우지 않는지가 궁금해서 묻는 것이 아니다. 굳이 '담배를 피워요?'라고 조사 '를'을 넣은 것은 담배를 피우지 말아야 한다는 아내의 속뜻이 담겨 있다고 볼 수 있다. 그러므로 어떤 느낌을 강조하면서 물어보려면 조사를 생략하지 않는 것이 그 의미를 전달하는 데 더 효과적이다.

앞에서 살펴본 바와 같이 조사는 한국어에서 중요한 역할을 담당한다. 집을 지을 때 못이 각 자재를 연결하는 것처럼 조사 역시 문장을 만들 때 각 단어들을 이어주는 역할을 한다. 그런데 이러한 조사는 생략해도 무방한 경우가 종종 있기 때문에 배우기가 까다로운 것이 사실이다. 배운 대로 조사를 활용하되 사용 맥락을 좀 더 눈여겨봐야 한다. 또한 조사를 언제 생략하느냐보다는 언제 생략하지 않느냐에 중점을 두어 공부한다면 한국어를 익히는 데 도움이 될 것이다.

- 낭패
- 속뜻
- 자재
- 맥락
- 눈여겨보다

(1) 이 글의 전개 방식에 대한 설명으로 알맞은 것은 무엇입니까?

① 한국어 조사의 특징을 예를 들어 자세히 설명하고 있다.

② 한국어 조사의 특징을 다른 언어와 대조하여 설명하고 있다.

③ 한국어 조사의 특징을 시대에 따라 순차적으로 기술하고 있다.

④ 한국어 조사의 특징에 대한 연구 결과를 인용하여 의견을 내세우고 있다.

(2) 이 글의 내용과 일치하는 것은 무엇입니까? 모두 고르세요.

① 조사는 문장에서 핵심적인 역할을 하므로 생략할 수 없다.

② 조사의 생략 여부는 문장의 의미에 영향을 미치지 않는다.

③ 한국어 조사는 문장 성분 간의 관계를 나타내는 역할을 한다.

④ 일반적으로 조사는 주어, 목적어임이 명백하면 생략할 수 있다.

(3) 조사를 생략할 수 없는 경우는 언제입니까?

① ______________________________

____

② ______________________________

____

04 여러분의 언어에도 조사가 있습니까? 있다면 한국어 조사와 어떤 점이 비슷하고 어떤 점이 다릅니까? 없다면 조사와 같은 역할을 하는 것이 있습니까? 이야기해 보세요.

Part 2

써 봅시다

한국어의 특징에 대한 설명문 쓰기

01 다음은 한국어의 특징에 대한 설명문의 일부입니다. 이 글은 어떤 형식으로 구성되어 있는지 이야기해 보세요.

구성	내용	글
제목		한국어의 특징
들어가는 말	① 한국어의 특징에 대해 간단히 언급하기	① 한 언어를 배우는 것은 여간 어려운 일이 아니다. 그러나 그 언어의 고유한 특징을 알면 쉽게 익힐 수 있다. 한국어가 다른 언어들과 구분되는 독자적인 특징은 무엇일까?
본문	② 한국어의 첫 번째 특징을 기술하고 예 들기	② 한국어의 가장 큰 특징은 문장 구조가 서술어 중심이라는 것이다. 문장의 의미가 문장의 끝에 오는 서술어에 의해 상당 부분 좌우되기 때문이다. 가령 '민호는 정희를 정말 ____________'라는 문장에서 빈칸에 '사랑한다'라는 서술어가 오느냐 '미워한다'라는 서술어가 오느냐에 따라서 문장의 의미가 달라지는 것이다.
	③ 한국어의 두 번째 특징을 기술하고 예 들기	③ 한국어의 문장이 '주어–목적어–서술어'의 어순으로 나타난다는 것도 한국어의 특징 중 하나이다. 한국어의 어순은 영어나 중국어의 문장이 '주어–서술어–목적어'의 어순으로 나타나는 것과 대조된다. 예를 들자면 '나는 당신을 사랑합니다.'를 영어로 하면 'I love you.'이다.
	④ 한국어의 세 번째 특징을 기술하고 예 들기	④ 친족 관계를 나타내는 호칭어가 발달되어 있다는 것도 한국어의 두드러진 특징으로 꼽을 수 있다. 예를 들어 영어에서는 'aunt'로 표현하는 대상이 한국어에서는 화자와의 관계에 따라 '큰어머니, 작은어머니, 이모, 고모' 등 여러 가지로 나타난다.
맺는말	⑤ 한국어의 특징을 정리하며 마무리하기	⑤ 한 언어를 제대로 이해하기 위해서는 그 언어의 고유한 특징을 파악하는 것이 중요하다. 한국어의 특징을 제대로 이해하면 한국어를 좀 더 정확하게 익히고 사용할 수 있을 것이다.

· 독자적
· 어순
· 친족

02 한국어를 배우는 외국인들에게 도움이 될 만한 한국어의 특징을 찾아 메모해 보세요.

한국어의 특징	예
호칭어 발달	아저씨, 고모, 언니 등

03 한국어의 특징에 대한 설명문의 개요를 작성해 보세요. 그리고 정리한 내용을 바탕으로 설명문을 써 보세요.

제목: ______________________

들어가는 말	
본문	(1)
	(2)
	(3)
맺는말	

04 친구들이 쓴 설명문에서 예시를 든 부분을 찾아보세요. 그리고 한국어의 특징을 가장 잘 드러내는 예가 포함된 글을 선택해 보세요.

Part 3

과제 활동

한글과 한국어에 대한 퀴즈 대회 열기

01 다음은 퀴즈 대회의 진행표입니다. 다음을 읽고 물음에 답해 보세요.

시간	진행 순서	대사
1분	사회자가 퀴즈 대회의 시작 알리기	지금부터 이화여자대학교 언어교육원 '외국인 한국어 겨루기' 퀴즈 대회를 시작하겠습니다.
4분	출연자 소개하고 각오 묻기	출연자 여러분, 오늘의 각오를 말씀해 주시죠.
30분	문제 유형과 진행 방식 소개하기	문제는 O, X 문제, 객관식 문제, 주관식 문제 순으로 진행됩니다.
	문제 출제하고 대답 유도하기	첫 번째는 O, X 문제입니다. '한글의 자음은 발음 기관을 본떠 만들었다.' 맞으면 O, 틀리면 X를 써서 들어 주십시오. 네, 정답은 'O'입니다. 그럼 다음 문제를 풀겠습니다. 잘 듣고 대답해 주세요.
		다음은 객관식 문제입니다. 다음 중 '여러 가지 음식을 두루 맛보는 것을 즐거움으로 삼는 일'을 뜻하는 말은 무엇일까요? (1) 먹성 (2) 식탐 (3) 미식가 (4) 식도락 네, 정답은 '(4) 식도락'입니다. 점점 열기가 뜨거워지고 있습니다.
		다음은 주관식 문제입니다. 여러분도 다 잘 아시다시피 한국어에는 네 개의 한자로 이루어져 관용적으로 쓰이는 사자성어가 많이 있습니다. '같은 병을 앓는 사람끼리 서로 가엾게 여긴다는 뜻으로, 어려운 처지에 있는 사람끼리 서로 동정하고 도움'을 뜻하는 사자성어는 무엇입니까? 네, 정답은 '동병상련'입니다.
5분	총점 확인하고 우승자 발표하기	오늘의 우승자는 ____점을 얻은 ________ 씨입니다.
	우승 소감 듣기	우승하신 소감을 들어 보도록 하지요.

(1) 이 퀴즈 대회에서 사회자는 어떤 역할을 하고 있습니까?

(2) 어떤 유형의 문제가 출제되었습니까?

· 퀴즈
· 출제하다
· 객관식
· 주관식
· 식도락
· 앓다
· 총점
· 우승

02 한국어 퀴즈 대회를 하려고 합니다. 다음을 읽고 정해 브세요.

(1) 퀴즈 대회에서 맡을 역할을 정해 보세요.

사회자	
문제 출제 위원	
참가자	

(2) 문제 출제 범위와 유형을 정해서 ✔표 하세요.

출제 범위	☐ 관용 표현 ☐ 속담 ☐ 사자성어 ☐ 기타: ________
문제 유형	☐ O, X 문제 ☐ 객관식 문제 ☐ 주관식 문제 ☐ 기타: ____________________

(3) 유형별로 문제를 출제하고 문제의 정답을 써 보세요.

문제 유형	
문제	
정답	

03 각자 맡은 역할과 출제된 문제에 따라 퀴즈 대회를 열어 보세요.

04 출제된 문제 중 어떤 문제가 가장 어려웠는지, 왜 어려웠는지 이야기해 보세요.

Part 3

어휘 확장

말 관련 표현

34

01 다음은 말과 관련이 있는 표현입니다. 그 의미를 추측해 보세요.

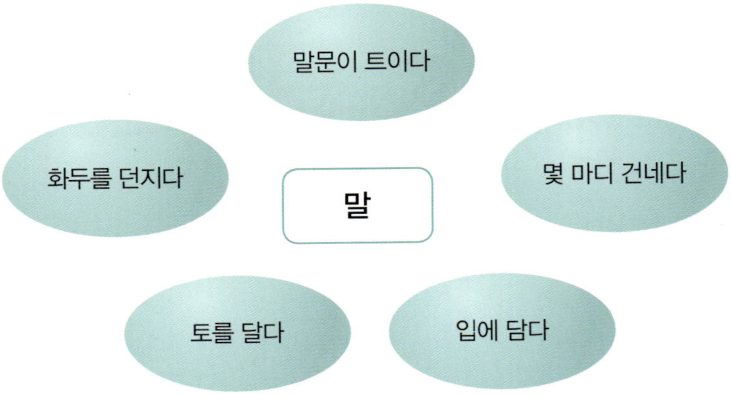

02 다음 대화를 완성해 보세요.

(1) A: 아기가 재잘재잘 말을 잘하네요. 몇 달 전만 해도 또래보다 말이 늦다고 걱정을 많이 하셨잖아요.

B: 네, 그런데 몇 주 전부터 ______________________ 어찌나 이것저것 물어보고 다른 사람 말도 잘 흉내 내는지 이제는 시끄러울 정도예요.

(2) A: 허재준 감독의 신작 〈더 나은 세상〉이라는 영화 봤어? 사람들 입에 많이 오르내리던데.

B: 응. 사람들에게 '더 나은 세상이란 어떤 세상일까?'라는 __________ __________ 주었다는 점이 높이 평가된 것 같아. 사실은 나도 그 영화를 보고 더 나은 세상에 대해 구체적으로 생각하게 됐거든.

(3) A: 왜 그렇게 씩씩거려? 무슨 일 있었어?

B: 마이클 때문에 짜증 나 죽겠어. 이번 프로젝트 결과에 대해 발표하는데 내가 하는 말마다 사사건건 ______________________. 화를 참느라 얼마나 힘들었는지 몰라.

- 재잘재잘
- 또래
- 신작
- 씩씩거리다
- 사사건건

03 여러분은 한국어를 공부하면서 언제 말문이 트였다고 생각합니까? 여러분의 경험을 이야기해 보세요.

사자성어

단도직입 왈가왈부 횡설수설

35

01 다음 문장을 보고 사자성어의 의미를 추측해 보세요.

(1) 미셸은 마음에 드는 남자가 있으면 망설이지 않고 **단도직입**적으로 얘기하는 편이다.

(2) 각자의 개성대로 옷을 입는 것을 가지고 **왈가왈부**하는 것은 바람직하지 않다.

(3) 증거가 발견되자 범행을 부인하던 범인은 **횡설수설**하면서 말을 바꾸기 시작했다.

02 다음 사자성어의 의미를 찾아 연결해 보세요.

(1)	단도직입	•	•	조리가 없이 이렇게 저렇게 말함
(2)	왈가왈부	•	•	어떤 일에 대하여 옳다거나 옳지 않다고 말함
(3)	횡설수설	•	•	여러 말을 늘어놓지 않고 바로 요점이나 본문제를 말함

03 사자성어를 사용해서 대화를 완성해 보세요.

(1) A: 경주 씨 부부가 경제적인 이유로 이혼했다고 하던데 들었어요? 아무리 그래도 남편의 돈벌이가 시원치 않다고 이혼하는 건 너무하지 않아요?

B: 글쎄요, 남의 부부 문제는 우리가 ________________할 게 아닌 것 같아요. 사실 부부 문제는 당사자끼리만 알지 아무리 친한 친구여도 모를 때가 많잖아요.

(2) A: 발표할 때 내가 너무 ________________했지? 더 잘할 수 있었는데…….

B: 누구나 긴장하면 준비했던 이야기가 기억나지 않잖아. 처음인데 그 정도면 잘한 거야.

(3) A: 김 과장님께 보고서 제출 기한을 늦춰 달라고 했는데 거절당했어.

B: 네가 너무 ________________적으로 말씀드린 거 아니야? 뭔가를 부탁할 때는 우회적으로 돌려서 말하는 게 효과적일 때가 많거든.

04 여러분은 횡설수설한 적이 있습니까? 어떤 상황이었는지 여러분의 경험을 이야기해 보세요.

· 본문제

제6과

경영 전략

제6과 경영 전략

Part 1	준비합시다	1 –기는 고사하고　　2 –(으)ㄹ라치면
	들어 봅시다	판매 전략에 대한 강연 듣기
	말해 봅시다	경영 전략에 대해 토의하기
Part 2	준비합시다	1 –ㄴ/는다는
	읽어 봅시다	경영 전략에 대한 칼럼 읽기
	써 봅시다	기업의 서비스 개선에 대한 건의문 쓰기
Part 3	과제 활동	성공적인 사업을 위한 경영 전략 발표하기
	어휘 확장	경쟁 관련 표현
	사자성어	금상첨화　일확천금　천정부지

Part 1

준비합시다

01 -기는 고사하고

36

이익을 얻지 못하는 것은 물론이고 본전조차 못 찾았을 때 어떻게 표현할까요?

A 최근에 주가가 많이 올랐던데 마이클 씨도 이익 많이 봤지요?

B 아니요. 이익을 보기는 고사하고 본전도 못 찾았어요.

문법

'A/V+기는 고사하고'는 앞과 뒤 내용을 비교하여 앞 내용은 당연히 불가능하고 조금 더 실현 가능한 뒤 내용조차 이루기 어렵거나 뒤 내용만이라도 이루어졌으면 하는 바람을 나타낸다. 명사일 때는 'N+은/는 고사하고'를 사용한다.

예 이번 투자로 수익을 얻기는 고사하고 손해만 봤어요.
방이 넓기는 고사하고 앉을 자리라도 있었으면 좋겠다.

연습

다른 사람의 예상보다 상황이 좋지 않음을 '-기는 고사하고'를 사용해서 말해 보세요.

	들은 소식	예상	좋지 않은 상황
보기	신약 개발에 성공했다	신약 개발로 돈을 많이 벌었다	개발 비용조차 회수하지 못하다
①	주택 마련 적금을 탔다	집을 장만했다	전세도 구하기 힘들다
②	입사 시험을 잘 봤다	합격 연락을 받았다	필기시험도 합격하지 못하다
③	월급이 대폭 인상됐다	대출 원금을 다 갚았다	대출 이자 내기도 어렵다
④	높은 영업 실적을 냈다	성과급을 받았다	회사가 어려워 월급도 받지 못하다

A 신약 개발에 성공했다면서요? 신약 개발로 돈을 많이 벌었겠네요.

B 돈을 많이 벌기는 고사하고 신약 개발 비용조차 회수하지 못하고 있어요.

- 본전
- 회수하다
- 주택 마련 적금
- 대폭
- 인상되다
- 영업
- 실적
- 성과급

02 -(으)ㄹ라치면

공부하려고 굳게 마음먹었지만 친구가 계속 말을 시켜서 의도대로 하기 힘들 때 어떻게 표현할까요?

A 마이클 씨하고 도서관에 가서 공부한다더니 공부는 많이 했어요?

B 아니요. 공부 좀 할라치면 마이클 씨가 자꾸 말을 시켜서 집중할 수가 없었어요.

문법

'V+(으)ㄹ라치면'은 의도한 일을 실행하려고 할 때마다 뒤 상황이 일어나 그 의도대로 하기 힘듦을 나타낸다.

예 여행이라도 갈라치면 회사에 급한 일이 생겨서 매번 못 갔어요.
잠깐 자리에 누울라치면 그때마다 아기가 울어서 자기가 어렵다.

연습

의도한 일을 못하는 경우에 대해 '-(으)ㄹ라치면'을 사용해서 말해 보세요.

	실행하지 못한 일	이유
보기	살고 있는 집을 팔다	집값이 떨어지다
①	마당 청소를 하다	갑자기 비가 쏟아지다
②	여윳돈으로 투자하다	목돈이 들어갈 일이 생기다
③	도서관에서 책을 빌리다	빌리려는 책은 매번 대출 중이다
④	최신 기종의 휴대 전화를 사다	뉴스에서 새로운 기능의 휴대 전화가 곧 출시된다고 보도하다

· 창업하다
· 여윳돈
· 목돈

A 지금 살고 있는 집을 팔 거라고 했잖아요. 잘 팔았어요?

B 아니요. 아직도 못 팔았어요. 제가 집을 팔라치면 꼭 집값이 떨어지더라고요.

Part 1

들어 봅시다

판매 전략에 대한 강연 듣기

01 여러분은 구매 의사가 없었지만 판매 방법으로 인해 충동구매를 한 적이 있습니까? 언제, 어떤 상품을 구매했는지, 어떤 판매 방법이었는지 이야기해 보세요.

02 다음과 관련 있는 판매 전략을 연결해 보세요.

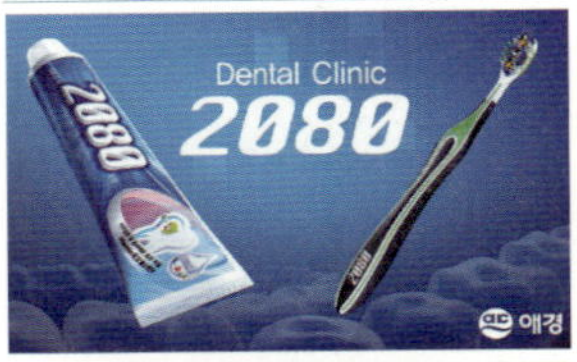

- 같은 종류의 상품을 추가로 제공함으로써 소비자들의 구매를 유도할 수 있다.
- 일정 금액 이상의 상품을 구매하거나 추첨에서 뽑힌 고객에게 물건을 제공함으로써 소비자의 호감을 얻을 수 있다.
- 구매 후 일정 금액을 적립해 주어 고객의 재방문을 이끌어 내는 동시에 고객을 용이하게 관리할 수 있다.
- 상품을 필요로 하는 구매자들이 단체로 모여 대량으로 구입하기 때문에 기존의 가격보다 저렴하게 구입할 수 있다.
- 숫자가 가진 상징성을 통해 상품 인지도를 높이거나 소비자의 호기심을 자극할 수 있다.

· 의사
· 추첨하다
· 재방문
· 용이하다
· 상징성

03 다음은 판매 전략에 대한 강연입니다. 잘 듣고 물음에 답하세요. 38

(1) 강연에서 다루고 있는 내용이 아닌 것은 무엇입니까?

① 백화점의 판매 전략
② 숫자 마케팅의 유래
③ 소비자 구매를 유도하는 공짜 점심
④ 판매 전략의 하나인 회원제 서비스

(2) '공짜 점심'과 비슷한 판매 전략은 무엇입니까?

(3) 들은 내용과 같은 것은 무엇입니까?

① 백화점에서는 1층보다 2층에 고객이 더 많이 몰린다.
② 1000원에서 10원을 빼고 판매하면 소비자에게 싸다는 느낌을 준다.
③ 백화점에 시계가 없는 것은 소비자에게 합리적인 소비를 유도하기 위해서이다.
④ 물건을 많이 팔기 위해서는 다수의 소비자보다 선택된 소수의 소비자가 중요하다.

(4) 이 강연을 들은 판매자가 취할 수 있는 행동으로 적절하지 않은 것은 무엇입니까?

① 요코: 백화점 2층에 창문을 설치한다면 물건이 더 잘 팔리겠군.
② 수진: 회원으로 가입한 고객에게 생일 쿠폰을 이메일로 보내야겠군.
③ 미셸: 자주 오는 단골손님에게는 포인트를 두 배 더 적립해 줘야겠군.
④ 티엔: 옷을 29,900원보다는 조금이라도 더 싸게 29,800원에 파는 게 더 좋겠군.

04 여러분은 어떤 판매 전략이 가장 효과적이라고 생각합니까? 그 이유를 말해 보세요.

- 다수
- 소수

Part 1

말해 봅시다

경영 전략에 대해 토의하기

01 성공적으로 회사를 운영하기 위해 고려해야 할 점은 무엇입니까? 성공적으로 회사를 운영하기 위해 가장 신경을 써야 할 것이 무엇인지 골라 ✔표 하고 그 이유를 이야기해 보세요.

- ☐ 경기 ☐ 인건비 ☐ 매출 ☐ 원가 ☐ 직원 관리
- ☐ 고객 관리 ☐ 아이디어 ☐ 복리 후생 ☐ 브랜드 이미지
- ☐ 기타: ____________________

02 다음은 외식업 협회의 홈페이지에 올라온 글입니다. 다음을 읽고 물음에 답해 보세요.

레스토랑 운영이 어렵습니다.

작성자 ID:고민중인 사장 20××.×.×

저는 서울 변두리에서 레스토랑 세 곳을 운영하며 퓨전 음식 전문 외식 사업을 하고 있습니다. 그런데 지난 1년 동안 이익은 고사하고 손해만 보고 있어서 이제는 사업을 접어야 할지 심각하게 고민하고 있습니다. 최근 손님이 많이 줄어든 데다가 원재료 값이 매우 상승해서 적자가 계속 되고 있습니다. 게다가 운영하는 레스토랑 임대료도 지난해에 비해 10%나 늘었습니다. 인건비도 무시할 수 없어서 직원을 줄이는 게 좋겠다는 생각까지 들기도 합니다. 그렇지만 경기가 안 좋은 요즘 직원들을 해고하는 게 가장 좋은 방법일까요? 저도 예전에 실직해 본 적이 있어서 이것은 최후의 방법으로 생각하고 있습니다. 그렇지만 지금 상태가 계속되면 레스토랑 문을 닫아야 할 것 같습니다. 좋은 방법이 없을까요?

↳ 제가 보기에는 직원을 줄이는 것이 최선의 방법인 것 같습니다. 인건비를 줄이면 레스토랑 경영에 어느 정도 도움이 되리라 생각됩니다. 실직한 직원들이 걱정되더라도 레스토랑을 살리는 것이 우선이라고 생각됩니다. 그리고 레스토랑이 더 잘 될 때 직원들을 다시 채용하면 어떨까요?

ID: 대박 기원 40분 전

↳ 직원을 줄이기보다는 재료비를 낮춰 상승된 물가에 대처하는 것이 중요하다고 봅니다. 소매 시장보다는 도매 시장을 이용하거나 원산지와 직거래하는 등의 방법으로 재료비를 낮춘다면 손해를 줄일 수 있다고 생각됩니다.

ID: 성공 시대 1시간 전

- 원가
- 인건비
- 복리 후생
- 변두리
- 원재료
- 임대료
- 실직하다
- 대박
- 소매
- 도매
- 원산지
- 직거래
- 사업체

(1) 이 사업체가 처한 문제점은 무엇인지 메모해 보세요.

사업체가 지닌 문제점	• 최근 손님이 많이 줄어들었음 • •

(2) 이 사업체가 처한 문제점에 대해 댓글에서 제시한 해결책은 무엇이고 적절한 방법인지 이야기해 보세요.

ID	제시한 해결책	평가
대박 기원		
성공 시대		

03 여러분이 이 사업체 사장에게 제시할 해결책과 그 이유를 정리해 보세요.

해결책	
그 방법을 제시한 이유	

04 이 사업체가 처한 문제점을 해결할 수 있는 방법과 전략에 대해 3~4명의 친구들과 함께 토의해 보세요. 그리고 가장 효과적인 해결책을 정해 보세요.

기능 표현

대안을 제시하며 말하기

- **만약** 직원을 감원하는 게 **어렵다면** 재료비를 낮추는 것도 **하나의 방법이 될 수 있습니다.**
- **만일** 인건비를 줄이는 게 **실현 불가능하다면** 임대료가 싼 지역으로 레스토랑을 이전해 보는 것도 **대안이 될 수 있습니다.**
- **혹시** 재료비를 낮추는 게 **힘들다면** 원산지와 직거래를 하는 것도 **고려해 볼 수 있겠습니다.**

Part 2

준비합시다

01 -ㄴ/는다는

39

신제품 개발에 임하는 각오에 대해 말할 때 어떻게 표현할까요?

A **어떤 자세로 신제품 개발에 임하셨나요?**

B **세계 1등 제품을 만든다는 각오로 밤낮없이 매진했습니다.**

문법

'V+ㄴ/는다는 N', 'A+다는 N'은 앞에 나온 동사나 형용사가 뒤 명사를 한정해서 설명함을 나타낸다. 보통 '생각', '각오', '장점', '단점', '보장', '특징', '이론' 등 추상화된 정보와 함께 쓰인다. 명사 뒤에서는 'N+(이)라는 N'의 형태로 쓰인다.

예 민수는 어떤 위기에 처해도 쉽게 포기하지 않는다는 장점을 지녔어요.
이번에 출시된 화장품은 피부 자극이 적고 노화 방지에 탁월하다는 특징이 있다.

연습

친구의 고민에 대해 '-다는 N'을 사용해서 말해 보세요.

	고민	조언	
		의견	근거
보기	미니스커트 전문 인터넷 쇼핑몰을 열지 고민 중이다	찬성	경제가 불황일 때 미니스커트가 유행하다/이론
①	우량 기업에 투자할까 망설이고 있다	반대	반드시 높은 수익을 거두다/보장
②	돈이 생겨서 은행에 저축을 할까 고민하고 있다	찬성	이자 수익은 적지만 투자 원금이 보장되다/장점
③	포인트 카드를 발급 받을지 생각 중이다	찬성	포인트 카드를 만들면 적립금을 모아 사용할 수 있다/특징

A **미니스커트 전문 인터넷 쇼핑몰을 열려고 하는데 괜찮을까?**

B **일단 시작해 봐. 경제가 불황일 때 미니스커트가 유행한다는 이론도 있잖아.**

- 각오
- 매진하다
- 노화
- 탁월하다
- 우량

읽어 봅시다

경영 전략에 대한 칼럼 읽기

01 여러분이 창업을 하게 된다면 무엇을 우선적으로 고려하겠습니까? 다음에서 골라 ✔표 하고, 그 이유를 이야기해 보세요.

- ▢ 쉽게 시작할 수 있어야 한다.
- ▢ 창업 후 수익이 보장되어야 한다.
- ▢ 주변에 성공한 경우가 있어야 한다.
- ▢ 미래에 상승 잠재력이 있어야 한다.
- ▢ 창업 자금이 얼마나 드는지 파악해야 한다.
- ▢ 주변 사람들의 강력한 추천을 받아야 한다.
- ▢ 다른 사람들이 시도하지 않은 사업이어야 한다.
- ▢ 사업 시작 후 빨리 수익을 창출할 수 있어야 한다.
- ▢ 기타: ______________________________

02 다음은 인기리에 판매된 제품들입니다. 이 제품의 개발에 영향을 끼친 것은 무엇인지 두 가지씩 골라 ✔표 하고, 왜 인기를 끌게 되었는지 이야기해 보세요.

①		▢ 	▢ 	▢ 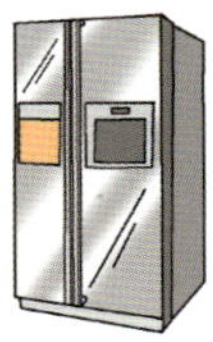	▢ 
②		▢ 	▢ 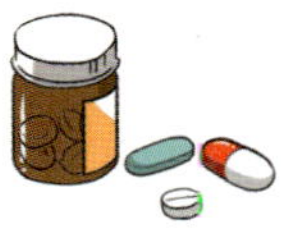	▢ 	▢ 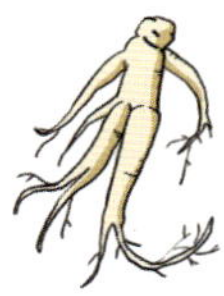

· 잠재력
· 창출하다

Part 2 읽어 봅시다

03 다음은 경영 전략에 대한 칼럼입니다. 잘 읽고 물음에 답하세요. 40

고객을 사로잡고 시장을 움직이는 전략

노르웨이에서 라면을 먹고 싶다면 '미스터 리(Mr. Lee)'를 찾으라고들 한다. 노르웨이에서 라면의 전설로 통하는 라면 브랜드 '미스터 리'가 무려 20년 이상 노르웨이 라면 시장에서 80% 이상의 점유율을 기록하고 있기 때문이다. 제빵사였던 이철호 씨는 인스턴트 라면의 불모지였던 노르웨이에서 수백 번의 시행착오 끝에 '미스터 리' 라면을 만들었고 이제는 '라면왕'으로 불리며 그 누구보다 유명한 사람이 되었다. 그가 성공한 비결은 무엇일까? 바로 이철호 씨가 아무도 가지 않은 길에 도전했다는 데에서 그 비결을 찾을 수 있다. 이철호 씨처럼 새로운 길을 찾아내 도전하는 전략, 이것을 바로 블루오션 전략이라고 부른다.

블루오션 전략은 현재 존재하지 않는 시장에 대한 도전이나 투자를 의미한다. 『블루오션 전략』이라는 책을 쓴 김위찬과 르네 마보한은, 블루오션을 시도된 적이 없지만 실제로는 깊고 광범위한 잠재력을 가진 시장이라고 설명한다. 잠재력을 가진 만큼 이 영역에서 성공한다면 시장의 주인이 될 수 있다. 그러나 블루오션을 찾아내기 위해서는 많은 시간과 노력이 필요하다. 블루오션에서는 규칙이 없으므로 경쟁과는 무관하지만 지속적인 관심과 아이디어 그리고 도전 정신이 필수적이기 때문이다. 물론 블루오션이 과거에 존재하지 않았던 것은 아니다. 새로 등장한 용어이기는 하지만 블루오션 자체는 이전부터 존재하고 있었으며 우리가 관심을 두지 않았을 뿐이다.

그러나 사람들은 새로운 시장에 도전하기보다는 이미 세상에 알려진 사업에 매진하려는 경향이 있다. 즉 세상에 존재하는 기존의 시장을 뜻하는 레드오션에만 관심을 갖는다. 레드오션 시장에서 기업들은 경쟁에서 이기기 위해 종종 경쟁 회사의 제품을 모방하기도 한다. 그 결과 비슷한 제품들이 다수 생산돼 오히려 서로의 발목을 잡게 되고 경쟁력은 떨어지게 된다. 이런 이유 때문에 최근에는 치열한 경쟁 시장인 레드오션과 경쟁자가 없는 시장인 블루오션을 조합한 퍼플오션 전략이 언급되기도 한다. 퍼플오션 전략은 기존의 레드오션에서 발상의 전환을 통하여 새로운 가치를 지닌 시장을 만들어 내는 경영 전략이다. 퍼플오션은 기존 업종에 독창성이 추가된 것이므로 블루오션과 레드오션의 중간 지점에 있다고도 볼 수 있다.

고객의 마음을 사로잡아 시장에서 성공하려면 무엇보다 세상에 대한 지속적인 관심을 가져야 한다. 지금의 블루오션도 언젠가는 레드오션이 될 수 있으며 발상의 전환이 없으면 퍼플오션 전략 또한 불가능하기 때문이다. 따라서 이

- 점유율
- 발목을 잡다
- 지점
- 궁극적
- 증대시키다

제는 경쟁에서 이기는 데에만 초점을 맞추지 말고 궁극적으로 세상이 요구하는 제품과 서비스를 창출하며 기업의 가치를 증대시킬 수 있는 전략을 수립해야 한다. 다시 말해 새로운 시장에 대한 탐색과 도전이야말로 세상을 변화시킬 수 있음을 알아야 하는 것이다.

(1) 읽은 내용과 다른 것은 무엇입니까?

① 라면 브랜드 '미스터 리'는 블루오션의 예이다.
② 기존 시장에서 발상의 전환을 거치면 퍼플오션이 된다.
③ 블루오션에서는 시장의 규칙이 잘 형성돼 있어 경쟁이 수월하다.
④ 경쟁 회사와 비슷한 종류의 물건을 만들어 내는 전략이 레드오션 전략이다.

(2) 블루오션 전략의 사례로 가장 알맞은 것은 무엇입니까?

① 한국식당은 원가를 절감하기 위해 식재료 원산지와 직거래를 했다.
② 사람들이 관심을 가지지 않았던 거머리를 이용해 의약품을 개발했다.
③ 이화백화점에서는 세일 기간에 판매율을 높이기 위해 경품을 제공했다.
④ 보미실업은 요즘 유행하는 다이어트 운동화와 비슷한 다이어트 구두를 출시했다.

(3) 이 글을 읽은 후의 반응으로 적절하지 않은 것은 무엇입니까?

① 요코: 블루오션의 초기에는 시장을 독차지할 수 있겠군.
② 티엔: 블루오션은 최근에 새롭게 등장한 시장 영역이군.
③ 유키: 시간이 지나면 블루오션이 레드오션으로 바뀔 수 있겠군.
④ 수진: 시장에서 성공하기 위해서는 도전 정신이 필요한 것이로군.

04 현재 여러분이 알고 있는 블루오션에는 어떤 것이 있습니까? 블루오션의 예와 그렇게 생각하는 이유를 이야기해 보세요.

- 탐색
- 수월하다
- 절감
- 식재료
- 거머리
- 의약품
- 경품

Part 2

써 봅시다

기업의 서비스 개선에 대한 건의문 쓰기

01 다음은 한 소비자가 기업의 서비스 개선에 대해 쓴 건의문의 일부입니다. 이 글은 어떤 형식으로 구성되어 있는지 이야기해 보세요.

구성	내용	예시
제목		고객을 위한 서비스, 고객 눈높이에 맞춰야
들어가는 말	① 자신의 경험을 밝히며 문제점 노출하기	① 얼마 전 항공 마일리지 서비스를 이용해 외국 여행을 가려고 했습니다. 오랫동안 적립한 마일리지를 사용할 수 있을 것이라고 생각했지만 마일리지 사용이 쉽지가 않았습니다.
본문	② 건의하고자 하는 정확한 문제 제시하기	② 마일리지 사용은 몇 달 전부터 예약하지 않으면 사용하기 어렵습니다. 또한 사용하지 않은 마일리지는 몇 년 안에 소멸되기 때문에 비행기를 자주 이용하지 않는 사람은 마일리지 혜택을 보기가 어렵습니다.
	③ 문제의 원인 분석하기	③ 이러한 문제가 발생한 이유는 무엇이 진정으로 고객을 위한 서비스인지 고민하지 않았기 때문이라고 판단됩니다. 단지 회사를 홍보하거나 회사의 이미지를 긍정적으로 만들기 위한 회사의 경영 전략으로 고객 서비스를 이용하고 있다는 생각이 들 뿐입니다.
	④ 문제의 해결책 제시하기	④ 생색만 내는 서비스가 아니라 진정으로 고객을 위한 서비스를 제공하기 위해서는 회사 차원의 노력이 필요합니다. 제가 경험한 마일리지 문제 역시 고객들이 적립한 마일리지는 고객이 원하는 순간에 사용할 수 있도록 하는 회사 약관의 개정이 필요합니다.
맺는말	⑤ 당부하면서 끝맺기	⑤ 고객이 감동할 수 있는 서비스는 먼 곳에 있지 않습니다. 한 번 등을 돌린 고객이 다시 돌아온다는 보장은 없습니다. 값비싼 광고와 다양한 홍보 전략을 세우기 전에 한 번 더 고객의 눈높이에서 고객의 입장을 생각할 때 비로소 고객이 만족할 수 있는 서비스가 가능할 것이라고 확신합니다.

- 약관
- 개정
- 등을 돌리다

02 기업의 서비스 개선에 대한 건의문을 쓰려고 합니다. 주제를 정하고 그에 대한 자신의 의견과 근거를 정리해 보세요.

주제	
의견	
자료 (인터뷰, 그래프, 인터넷 등)	

03 기업의 서비스 개선에 대한 건의문의 개요를 작성해 보세요. 그리고 정리한 내용을 바탕으로 건의문을 써 보세요.

제목: ____________________

들어가는 말	
본문	(1)
	(2)
	(3)
맺는말	

04 친구들이 쓴 건의문 중 원인과 해결책이 가장 명확하게 제시된 글은 무엇인지 이야기해 보세요.

Part 3

과제 활동

성공적인 사업을 위한 경영 전략 발표하기

01 다음은 성공적인 사업을 위한 경영 전략 발표 자료입니다. 다음을 읽고 물음에 답해 보세요.

①
- 상호 : 어린이 나라
- 업종 : 어린이 카페

②
- 판매품목 : 음료수, 동화책, DVD, 장난감
- 판매 대상 : 어린이, 부모님

③
- 특징

1. 어린이들이 친구들과 모였을 때 갈 수 있는 건전한 장소임. 아이와 함께 부모도 즐길 수 있는 복합 문화 공간임

④
- 특징

2. 장난감을 가지고 놀거나 책을 읽을 수 있는 북카페 기능을 할 수 있음. 카페 내에 있는 장난감, 책, DVD 등을 대여할 수 있음

⑤
- 경영 전략

1. 설문 조사 실시
 - 고객의 요구 사항을 적극적으로 반영
2. 어린이 관련 자격증 소지자 채용
 - 직원의 전문성을 강화해 만족도를 높임

⑥
- 경영 전략

3. 회원제로 운영
 - 회원별 맞춤 서비스 제공
4. 단골 우대
 - 적극적인 재방문 유도

(1) 이 발표 자료는 어떤 순서로 진행되고 있습니까?

(2) 이 발표 자료에서 제시된 경영 전략은 적절합니까? 발표 자료에서 보완할 점은 무엇입니까?

02 성공적인 사업을 위한 경영 전략을 세우려고 합니다. 다음을 읽고 정해 보세요.

(1) 여러분이 사업을 한다면 어떤 사업을 하고 싶습니까? 사업 내용을 구상해 보세요.

상호	
업종	
판매 품목	
판매 대상	
특징	

· 상호
· 업종
· 건전하다

(2) 성공적인 사업을 위한 경영 전략을 세워 보세요.

전략	• • • •

03 성공적인 사업을 위한 경영 전략에 대한 발표 자료를 만들고 친구들 앞에서 발표해 보세요.

①

②

③

④

⑤

⑥

04 친구들의 경영 전략 발표를 듣고 잘된 부분과 미흡했던 부분에 대해 이야기해 보세요.

Part 3

어휘 확장

경쟁 관련 표현

41

01 다음은 경쟁과 관련이 있는 표현입니다. 그 의미를 추측해 보세요.

경쟁

무릎을 꿇다

접전을 벌이다

순위를 다투다

어깨를 견주다

승패를 가르다

02 다음 대화를 완성해 보세요.

(1) A: 김수진 씨와 이명호 씨 중에서 누가 국회의원이 됐어요?

B: 한 치의 양보도 없이 팽팽한 ____________________ 끝에 결국 김수진 씨가 국회의원에 당선됐어요.

(2) A: 한국의 예술 관련 산업은 과거에 비해서 꽤 성장한 편이지요?

B: 네, 제법 많이 성장했어요. 이제는 예술이 발달한 다른 나라와 __________ __________ 손색이 없는 단계까지 왔으니까요.

(3) A: 어제 축구 경기 봤지요? 정말 손에 땀을 쥐게 하는 경기였어요.

B: 맞아요. 특히 마지막 1초를 남기고 공이 골대 안으로 들어갔을 때 나도 모르게 환호성을 질렀어요. 1초가 ____________________ 믿을 수 없는 일이에요.

- 견주다
- 접전
- 한 치
- 팽팽하다
- 당선되다
- 손색
- 손에 땀을 쥐다
- 골대
- 환호성을 지르다

03 여러분은 경쟁을 할 때 가장 중요하게 지켜야 할 것은 무엇이라고 생각합니까? 경쟁을 할 때 지켜야 할 것에 대해 이야기해 보세요.

사자성어

금상첨화　일확천금　천정부지

42

01 다음 문장을 보고 사자성어의 의미를 추측해 보세요.

(1) 이화식당은 음식 맛이 좋은 데다가 분위기까지 좋으니 **금상첨화**이다.

(2) **일확천금**을 꿈꾸는 사람들이 늘면서 예년에 비해 복권 판매량이 증가했다.

(3) 최근 들어 물가가 **천정부지**로 오르면서 지갑을 닫는 소비자가 많아지고 있다.

02 다음 사자성어의 의미를 찾아 연결해 보세요.

(1)	금상첨화	•	•	힘들이지 않고 단번에 많은 재물을 얻음
(2)	일확천금	•	•	물건 값 등이 하늘 높이 올라감
(3)	천정부지	•	•	좋은 일에 또 좋은 일이 더해짐

03 사자성어를 사용해서 대화를 완성해 보세요.

(1) A: 야채 값이 ____________(으)로 올랐어요. 정말 한숨만 나오네요.
B: 비가 많이 와서 그렇대요. 당분간 가격이 고공 행진을 이어갈 것 같아요.

(2) A: 정미 씨는 똑똑하고 성실한데 지나치게 내성적이에요.
B: 조금만 적극적으로 바뀐다면 ____________일 텐데 참으로 안타까워요.

(3) A: 올해 복권 판매량이 지난 20년 동안의 기록을 갈아 치웠대요. 왜 이렇게 복권이 잘 팔리는 거죠?
B: 왜긴 왜겠어요. ____________을/를 노리는 사람들이 많아졌기 때문이지요. 경기가 안 좋으면 이런 사람들이 더욱 많아진다고 하더라고요.

04 최근 천정부지로 가격이 오르고 있는 것은 무엇입니까? 가격 상승 요인에 대해서 이야기해 보세요.

· 예년
· 고공 행진

제7과

한국인의 일생

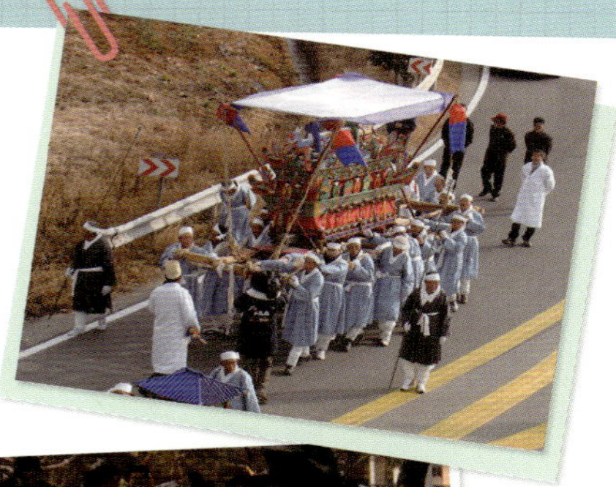

제7과 한국인의 일생

Part 1

준비합시다 — 1 -(으)ㄴ/는 양　2 -는 둥 마는 둥 하다

들어 봅시다 — 한국인의 출생에 대한 강의 듣기

말해 봅시다 — 장례 문화에 대해 발표하기

Part 2

준비합시다 — 1 -(으)ㄹ지언정

읽어 봅시다 — 화제의 인물에 대한 인터뷰 기사문 읽기

써 봅시다 — 자신의 일생에 대한 자전적 에세이 쓰기

Part 3

과제 활동 — 자신의 인생에 도움을 준 인물 인터뷰하기

어휘 확장 — 죽음 관련 표현

사자성어 — 대기만성　전화위복　파란만장

Part 1

준비합시다

01 -(으)ㄴ/는 양

43

자신의 입사 동기가 마치 윗사람인 것처럼 행동할 때 어떻게 표현할까요?

A 요즘 영민 씨하고 냉랭해 보이던데 무슨 일 있어?

B 영민 씨는 나하고 입사 동기잖아. 그런데 마치 자기가 상사라도 되는 양 자꾸 훈계조로 이야기하잖아.

문법

'A/V+(으)ㄴ/는 양'은 사실은 그렇지 않으나 겉으로만 그렇게 함을 나타낸다. 명사 뒤에서는 'N+인 양'의 형태로 쓰인다.

예 두 사람은 서로 모르는 사이인 양 인사도 하지 않았다.
수진 씨가 돈이 많은 양 으스대서 친구들은 다 수진 씨를 별로 좋아하지 않아요.

연습

실제와 다른 이치로 씨의 행동에 대해 '-(으)ㄴ/는 양'을 사용해서 말해 보세요.

	실제	실제와 다른 상황	행동
보기	감기에 걸렸다	중병에 걸렸다	엄살을 부리다
①	집이 회사 근처이다	집이 멀다	지각할 때마다 변명하다
②	회사 사정에 대해 정확히 모르다	회사 사정에 대해 잘 알다	으스대다
③	미국에 출장 몇 번 갔다 왔다	미국에서 오래 살았다	경험담을 늘어놓다
④	지난번 프로젝트는 다 같이 했다	혼자 프로젝트를 했다	떠들고 다니다

A 이치로 씨가 중병에 걸렸다면서요?

B 아니요. 감기에 걸렸는데 중병에 걸린 양 엄살을 부려요.

- 냉랭하다
- 훈계조
- 으스대다
- 중병
- 엄살

02 -는 둥 마는 둥 하다

44

시험에 대한 긴장으로 잠을 푹 자지 못했을 때 어떻게 표현할까요?

A **피곤해 보여요. 어제 잠을 설친 모양이에요.**

B **네. 다음 주에 있을 승진 시험 때문에요. 며칠 잠을 자는 둥 마는 둥 했더니 피곤하네요.**

문법

'V+는 둥 마는 둥 하다'는 어떤 일을 하는 것 같기도 하고 하지 않는 것 같기도 해서 그 행동을 했다고 확실하게 말할 수 없음을 나타낸다.

예 늦잠을 자는 바람에 아침밥도 먹는 둥 마는 둥 하고 학교로 달려왔어요.
진영이는 무슨 바쁜 일이 있는지 내 얼굴도 보는 둥 마는 둥 하고 지나갔다.

연습

다음은 나타샤의 일기입니다. 제대로 하지 못한 일에 대해 '-는 둥 마는 둥 하다'를 사용해서 문장을 완성해 보세요.

듣다　　뜨다　　자다　　치우다　　하다

눈을 뜨니 벌써 8시 30분이었다. 어젯밤에 회식 때문에 늦는 남편을 기다리느라 잠을 자는 둥 마는 둥 해서 일찍 일어나지 못했다. 헐레벌떡 일어나 아침을 차렸는데 남편은 입맛이 없는지 아침밥을 몇 숟가락 ______________ 허둥지둥 나가면서 인사도 ______________. 화가 났지만 아침부터 잔소리를 하면 하루 종일 기분이 좋지 않을 것 같아 참았다. 속이 상해서 어질러진 집도 ______________ 영희네 집에 가서 커피를 마시면서 남편 흉을 좀 봤다. 그런데 영희 엄마도 무슨 안 좋은 일이 있는지 내 말은 ______________ 먼 산만 바라보고 있었다. 어느 집이나 문제는 있기 마련이다. 아무튼 부부 싸움은 칼로 물베기라고 아침부터 큰소리 내며 싸우지 않은 것은 잘한 일 같다.

- 헐레벌떡
- 허둥지둥
- 어질러지다
- 흉

Part 1

들어 봅시다

한국인의 출생에 대한 강의 듣기

01 다음은 출생과 관련된 한국의 풍습입니다. 여러분 나라의 풍습과 비교해 이야기해 보세요.

- ▢ 태몽으로 태어날 아기의 성별을 추측한다.
- ▢ 임신했을 때 삼가야 할 행동이나 음식이 있다.
- ▢ 아기를 낳은 산모가 먹는 특별한 음식이 있다.
- ▢ 산모는 일정 기간 목욕을 하지 않는 경우도 있다.
- ▢ 기타: ______________________________

02 다음은 한국인의 출생과 관련이 있는 사진입니다. 사진과 설명을 연결해 보세요.

배냇저고리 •

금줄 •

미역국 •

• 뼈를 튼튼하게 해 주고 부기를 빼 주며 피를 맑게 해 주는 영양분이 있어 산모에게 좋다.

• 피부가 약한 아이를 위해 흰색의 부드러운 면으로 만든 옷으로, 장수하기를 바라는 마음에서 단추 대신 일곱 겹의 흰 끈을 달아 아기에게 입힌다.

• 아기가 태어나면 부정한 것의 접근을 막기 위해 대문에 치는 줄로, 사람들이 함부로 드나드는 것을 금하기 위한 것이다.

- 삼가다
- 산모
- 배냇저고리
- 부기
- 겹
- 금줄
- 부정하다

03 다음은 한국인의 출생에 대한 강의입니다. 잘 듣고 물음에 답하세요. 45

(1) 강의에서 다루고 있는 내용이 아닌 것은 무엇입니까?

① 임신했을 때의 금기 사항
② 출생과 관혼상제의 차이점
③ 출산 후에 조심해야 하는 것
④ 아기를 갖기 위한 여러 가지 노력

(2) 태교에 대한 설명으로 알맞은 것은 무엇입니까?

① 임신부뿐만 아니라 가족들도 상갓집에 가는 것을 금기시했다.
② '해서는 안 되는 것'보다는 '해야 하는 것'에 중점을 두고 있다.
③ 오징어, 닭, 오리고기가 태아에게 좋지 않다는 것은 과학적으로 입증되었다.
④ 임신부는 무리하면 안 되므로 매우 많이 자는 것이 당사자와 아기 모두에게 좋다.

(3) 들은 내용과 다른 것은 무엇입니까?

① 산모는 출산 후 보통 삼칠일 동안 외출을 하지 않는다.
② 아이를 갖게 해 달라고 자연을 대상으로 기도를 드리기도 했다.
③ 아들을 낳으면 고추와 숯을, 딸을 낳으면 흰 종이와 솔잎을 매달았다.
④ 출산 후 냉수를 자주 마시는 것이 산모가 몸을 회복하는 데 도움이 된다.

04 여러분 나라에도 아기가 태어났을 때 주의해야 할 사항들이 있습니까? 이야기해 보세요.

· 관혼상제
· 상갓집
· 태아
· 삼칠일
· 숯

Part 1

말해 봅시다

장례 문화에 대해 발표하기

01 다음은 한국인들이 자신의 장례식 전에 준비하는 것들입니다. 여러분 나라에서는 장례식 전에 무엇을 준비합니까? 이야기해 보세요.

(1) 수의	(2) 영정 사진	(3) 묘 자리

02 다음은 한국 장례 문화에 대한 설명입니다. 다음을 읽고 표를 완성해 보세요. 그리고 한국 장례 문화에 대해 말해 보세요.

한국인은 보통 자신의 장례 전에 수의를 준비하고, 영정 사진을 찍고, 자신이 묻힐 곳을 미리 정하는 등 자신의 죽음을 준비하는 경우가 적지 않다.

한국의 장례는 보통 3, 5일장으로 치러진다. 조문객들은 그 기간에 장례식장에 찾아가서 조문을 드린다. 장례식장은 보통 병원에 있는데 조문객은 검정색이나 흰색 옷을 입고 간다. 빈소에 들어가면 영정 사진 앞에 있는 향에 불을 붙이고 절을 두 번 하거나 꽃을 놓은 후 묵념을 해도 된다. 그다음 고인의 가족과 마주보고 절을 한 번 하고 그 자리에 앉아 '얼마나 슬프십니까?', '얼마나 상심이 크십니까?' 등의 인사말을 건넨다. 조문을 마치면 준비해 온 조의금을 낸다. 그러나 가족을 제외한 조문객들은 관 속의 시신을 볼 수 없다.

정해진 조문 기간이 끝나면 시신은 매장이나 화장할 장소로 옮겨진다. 한국의 장묘 문화는 이제까지 주로 땅을 파서 시신을 묻는 매장 위주였으나 요즘은 화장이나 수목장 등의 새로운 장묘 형태가 늘어나고 있다.

장례식 후에는 가족이 모여 고인을 기리는 날이 있는데 이는 집안의 풍습이나 종교에 따라 그 형식에 차이가 있을 수 있다.

- 영정
- 조문객
- 빈소
- 묵념
- 고인
- 매장
- 화장
- 장묘
- 수목장
- 기리다

죽음의 준비	• 수의, 영정 사진, 묘 자리 등을 미리 준비함
장묘 방식	•
장례 기간	• 보통 3일에서 5일 동안 치러짐
장례식 장소	•
조문 예절	• • • •
기타	• 시신을 직접 볼 수 없음

03 여러분 나라의 장례 문화는 어떻습니까? 그 장례 문화에 대해 정리해 보세요.

죽음의 준비	
장묘 방식	
장례 기간	
장례식 장소	
조문 예절	
기타	

04 정리한 내용을 바탕으로 장례 문화에 대해 발표해 보세요.

기능 표현

특징적인 내용을 부각하며 말하기

- 여기서 **가장 주목할 점**은 한국 사람들은 죽기 전에 자신의 죽음을 미리 준비한**다는 것입니다.**
- 최근 한국의 장묘 문화에서 **두드러진 점은** 화장이나 수목장이 새로운 장묘의 형태로 자리 잡아 가고 있**다는 것입니다.**
- **특히 알아 두어야 할 것은** 한국 장례식장의 분위기가 마냥 슬프거나 애통하지 않**다는 점입니다.**

· 애통하다

Part 2

준비합시다

01 -(으)ㄹ지언정

46

상황이 어떻든지 친구가 이사하는 것을 도와줄 것임을 어떻게 표현할까요?

A 요코가 이사하는 걸 도와주면 시험공부를 못 할 것 같은데 괜찮겠어?

B 시험 한 번 못 볼지언정 요코가 이사하는 건 도와줄 거야. 어려울 때 도와야 진짜 친구지.

문법

'A/V+(으)ㄹ지언정'은 앞 내용을 인정해도 뒤 내용이 일반적인 생각과 다름을 나타낸다.

예 아무리 바쁠지언정 가족의 생일을 잊어서는 안 되지요.
내일 지구의 종말이 올지언정 나는 한 그루의 사과나무를 심겠다.

연습

결과가 부정적일 것으로 예상되지만 그 일을 하려고 합니다. '-(으)ㄹ지언정'을 사용하여 말해 보세요.

	예상되는 부정적인 결과	결심
보기	공부를 계속하면 큰돈을 벌기 힘들다	학업을 포기하지 않다
①	숙제를 못 하면 선생님께 꾸중을 듣다	병원에 입원한 후배를 간병하다
②	사업에 실패하면 사람들의 비웃음을 사다	뇌물을 주면서까지 계약을 성사시키지 않다
③	빌려 간 돈에 이자를 내라고 하면 형제 사이에 의가 상하다	돈 문제는 정확하게 하자는 말을 꼭 하다
④	시간이 없어서 요코의 보고서를 베끼지 않으면 낙제하다	양심에 거리끼는 행동은 하지 않다

- 종말
- 심다
- 간병하다
- 비웃음
- 뇌물
- 성사시키다
- 의가 상하다
- 낙제하다
- 거리끼다

A 공부를 계속하면 큰돈을 벌기 힘들 텐데 어쩌려고 그래?

B 큰돈을 벌기 힘들지언정 학업을 포기하지는 않을 거야. 난 공부가 미래를 위한 투자라고 생각해.

읽어 봅시다

화제의 인물에 대한 인터뷰 기사문 읽기

01 여러분의 인생을 변화시킨 의미 있는 사건은 무엇이었습니까? 다음에서 골라 ✔표 하고 여러분의 경험을 이야기해 보세요.

- ▢ 첫사랑과 헤어졌을 때
- ▢ 외국으로 어학연수 갔을 때
- ▢ 처음으로 혼자 여행 갔을 때
- ▢ 가까운 친구나 가족이 죽었을 때
- ▢ 결혼해서 나만의 가정을 꾸렸을 때
- ▢ 어려운 취업난을 뚫고 일자리를 얻었을 때
- ▢ 기타: ______________________

02 다음은 그림 속 인물에 대한 신문 기사의 제목입니다. 제목을 보고 이 사람의 인생에 대해 추측해서 이야기해 보세요.

공사장 노동자 출신 박동진 씨, 서울대 법대 수석 입학

『내게는 너무 쉬운 공부』 100만 권 이상 팔려 화제의 베스트셀러로 선정

판·검사 마다하고 인권 변호사의 길로

- 꾸리다
- 수석
- 마다하다

읽어 봅시다

03 다음은 화제의 인물에 대한 인터뷰 기사문입니다. 잘 읽고 물음에 답하세요. 47

공부가 가장 쉬웠다던 공사장 노동자 출신 박동진 변호사

"내가 잘못하면 의뢰인이 잘못돼……. 공부는 쉬워도 변호사는 어렵네요"

1996년, 대한민국은 서울대 수석 합격생의 '인간 승리'로 뜨거웠다. 고교 졸업 후 온갖 일자리를 전전하던 한 청년이 이뤄 낸 성과였다. 『내게는 너무 쉬운 공부』의 저자이기도 한 화제의 인물 박동진. 세월이 흘러 인권 변호사가 된 그를 13일 그의 서초동 사무실에서 만났다.

일감 부족으로 힘들어 하는 변호사들이 많은 요즘, 판·검사도 마다하고 개인 변호사로 일을 시작했는데 사무실 운영은 잘 되냐는 기자의 질문에 박 변호사는 "제가 하는 사건들이 워낙 돈이 안 되는 사건이라……." 하면서 쑥스러워 한다. 사법연수원 수료 당시 성적이 상위권이었지만 박 변호사는 어렵게 사는 이들을 돕기 위해 인권 변호사의 길을 택했다.

가난과 싸웠던 그의 10대, 20대는 어땠을까. "2남 2녀 중 장남으로 태어난 저는 초등학교 때 아버지가 돌아가셔서 가정 형편이 어려웠습니다. 당장 먹고 사는 문제가 급했기에 공부하는 것은 생각조차 할 수 없었습니다. 공부는 저에게 사치였죠. 공사장 일, 신문 배달 등 돈을 벌 수 있는 일이라면 무엇이든 했습니다."

그렇게 살던 그가 어떻게 '공부'의 길로 들어서게 되었을까. "그러다가 문득 '아무리 이런 일을 열심히 한들 가난에서 벗어날 수 있을까'하는 회의가 들어 동네 야학에 다니게 됐습니다. 야학에서 '배움'이라는 새로운 세상을 경험하면서 공부에 대한 열정이 생기기 시작했어요. 야학에 다니면서 제 인생이 극적으로 바뀌게 되었습니다."

파란만장한 그의 인생에서 가장 의미 있는 인물은 누구일까. 그는 의외로 장인어른을 꼽았다. "야학에서 교사로 봉사하던 친구와 결혼을 하려고 했는데 장인어른의 반대가 정말 심했습니다. 경제적으로도 어렵고 직업도 확실하지 않은 저를 사위로 삼는다는 게 힘드셨을 겁니다. 내 눈에 흙이 들어가기 전에는 절대 안 된다고 하시던 장인어른도 자식 이기는 부모 없다고 결국 결혼을 허락해 주셨습니다. 그런데 막상 결혼한 후에는 사위가 아니라 아들처럼 정말 따뜻하게 대해 주셨습니다. 저 또한 아버지를 일찍 여읜지라 장인어른을 친아버지처럼 따랐고요. 특히 사법 시험에 낙방할 때마다 저를 가장 격려해 주신 분도 바로 장인어른이셨습니다. 그래서 지금도 장인어른 제삿날에는 무슨 일이 있어도 꼭 참석합니다."

그는 아직도 공부가 가장 쉽다고 생각할까. 질문이 떨어지자마자 '그렇다'는 대답이 돌아왔다. "공부는 자신과의 싸움이죠. 제가 공부를 안 하면 저만 잘못되는 겁니다. 하지만 제가 변호사로서 일을 소홀히 하면 제 의뢰인이 잘못되게

- 의뢰인
- 전전하다
- 사법연수원
- 야학
- 파란만장하다
- 낙방하다
- 여의다

되지요. 그러니 여전히 저한테는 공부가 제일 쉽습니다."

마지막으로 지금 자신의 삶이 고달프다고 생각하는 사람들에게 해 주고 싶은 말과 앞으로의 계획을 물었다. "힘들지언정 꿈을 포기하지 말고 현실을 정면 돌파하세요. 그 시기를 잘 견디면 좋은 날이 올 테니까요. 저를 보고 희망을 삼으면 어떨까요? 저 역시 굴곡 있는 인생을 살아온 만큼 앞으로도 어려운 사람들의 인권 보호를 위해 계속 노력할 것입니다."

기자는 마흔이 넘은 나이에도 강연과 재판 준비로 여전히 빡빡한 나날을 보내고 있는 박동진 변호사의 모습에 적지 않은 감동을 받았다. 현실에 안주하지 않고 끊임없이 노력하는 박동진 변호사의 앞날이 어떻게 펼쳐질지 궁금하다.

정해나 기자(ewha123@ewha.ac.kr)

(1) 이 글의 전개 방식에 대한 설명으로 알맞은 것은 무엇입니까?

① 인물이 성공하게 된 이유를 나열하고 있다.
② 인물의 성격의 장단점에 대해 설명하고 있다.
③ 인물의 인생에서 중요한 부분에 대해 기술하고 있다.
④ 타인의 인생을 일화로 들어 자신의 의견을 주장하고 있다.

(2) 박동진에게 인생의 전환점이 된 사건은 무엇이었습니까?

(3) 글의 내용과 같은 것은 무엇입니까?

① 박동진은 한 번도 실패하지 않고 사법 시험에 수석으로 합격했다.
② 박동진은 검사로 재직하다가 인권 변호사의 길에 들어서게 되었다.
③ 박동진은 삶이 고달프더라도 현실을 회피하면 안 된다고 생각한다.
④ 박동진은 초등학교 때 아버지를 여의었지만 집안 형편은 넉넉했다.

04 여러분에게 인생의 전환점이 된 사건에 대해 이야기해 보세요.

· 고달프다
· 굴곡(이) 있다
· 사법 시험

Part 2

써 봅시다

자신의 일생에 대한 자전적 에세이 쓰기

01 다음은 한 정치인이 쓴 자전적 에세이의 일부입니다. 이 글은 어떤 형식으로 구성되어 있는지 이야기해 보세요.

구성	내용	예
제목		날개를 펴고 비상하라
들어가는 말	① 출생, 가족, 성장에 대해 기술하기	① 나는 1946년 9월 1일, 경상북도 안동에서 아버지 김민준과 어머니 이명자의 2남 4녀 중 막내로 태어났다.
본문	② 인생의 고난과 역경 기술하기	② 가정 형편이 어려워서 고등학교 진학을 포기할 수밖에 없었다. 그 대신 공무원 시험 준비를 시작했다. 그러나 큰형이 이 사실을 알고 펄펄 뛰면서 반대하며 나에게 고등학교 입학 시험을 치라고 했다. 형의 말을 듣고 마음을 돌린 나는 열심히 공부했고 그 결과, 장학금까지 받게 됐다.
	③ 인생의 전환점 기술하기	③ 나는 국회의원 선거에서 김영세 후보에게 큰 표 차이로 졌다. 정치를 시작한 후 네 번째 패배였다. '역시 안되는구나. 이제 또 어떻게 살아야 하나' 생각하니 막막했다. 세상이 모두 끝난 양 방에 틀어박혀 있었다. 그런데 다음날 상상하지 못했던 일이 나를 기다리고 있었다. 수많은 시민들이 내 홈페이지를 찾아와 격려의 말을 써 놓은 것이었다. 선거의 승패라는 결과보다는 유권자들과 소통하는 과정이 소중함을 깨우쳐 준 사건이었다.
맺는말	④ 앞으로의 다짐 기술하기	④ 이제까지 살아온 내 인생을 돌아보면 힘든 일도 많았지만 그때마다 길이 있었고 도움을 주는 사람들이 있었다. 앞으로는 내 날개를 더 넓게 펼쳐 삶에 지친 사람들을 보듬고 새로운 세상을 열망하는 사람들과 함께 더욱 높이 날아 보려 한다.

· 펄펄
· 열망하다

02 여러분의 인생에서 의미 있었던 사건들을 정리해 보세요.

(1) 출생, 가족, 성장

↓

(2) 인생의 고난과 역경

↓

(3) 인생의 전환점

↓

(4) 앞으로의 다짐 등

03 여러분의 일생을 담은 자전적 에세이의 개요를 작성해 보세요. 그리고 정리한 내용을 바탕으로 자전적 에세이를 써 보세요.

제목: ____________________

들어가는 말	

본문	(1) 소주제 1
	(2) 소주제 2
	(3) 소주제 3

맺는말	

04 친구들이 쓴 자전적 에세이를 읽고 친구 인생의 전환점은 무엇이었는지 이야기해 보세요.

Part 3

과제 활동

자신의 인생에 도움을 준 인물 인터뷰하기

01 다음은 자신의 인생에 도움을 준 인물을 인터뷰한 자료입니다. 다음을 읽고 물음에 답해 보세요.

인터뷰 계획

(1) 인터뷰 목적: 내 인생에 도움을 준 사람을 인터뷰함으로써 내 미래의 삶을 계획하고자 함
(2) 인터뷰 대상: 한국어 1급 선생님
(3) 인터뷰 대상 선정 이유: 나도 선생님처럼 고향에 돌아가 한국어를 가르치고 싶기 때문에
(4) 인터뷰 방법: 녹음 및 사진 촬영
(5) 인터뷰 시간: 20××년 ×월 ×일, 오후 2시~3시
(6) 인터뷰 장소: 언어교육원 글로벌 라운지
(7) 인터뷰 내용
① 한국어 교육을 시작하게 된 계기
② 한국어 교사가 되기 위해 준비해야 하는 일
③ 한국어를 가르칠 때 주의해야 할 점
④ 한국어 교사가 되려는 사람들에게 조언하고 싶은 것

실제 인터뷰 내용

(1) 안녕하세요? 저는 이대 언어교육원에 재학 중인 ______________(이)라고 합니다. 인터뷰에 응해 주셔서 감사합니다.
(2) 선생님께서는 어떻게 한국어를 가르치시게 되셨는지 궁금합니다.
(3) 저도 선생님처럼 한국어를 가르치고 싶은데 이 일을 하고 싶은 사람들에게 꼭 해 주고 싶은 말이 있다면 무엇입니까?
(4) 이렇게 귀한 시간 내 주시고 좋은 말씀 들려주셔서 감사합니다.

· 글로벌
· 라운지
· 응하다

(1) 인터뷰를 하기 전에 무엇을 준비해야 하는지 이야기해 보세요.

(2) 이 인터뷰는 어떤 순서로 진행되고 있는지 이야기해 보세요.

02 여러분의 인생에 도움을 준 인물을 인터뷰하려고 합니다. 다음을 읽고 정해 보세요.

(1) 인터뷰할 대상을 선정해 보세요.

이름	
선정 이유	
특징 (성별, 연령, 직업 등)	

(2) 친구들에게 인터뷰할 대상을 소개하고 그 사람에게 어떤 내용을 질문하면 좋을지 물어보세요.

-
-
-

(3) 인터뷰 질문지를 작성해 보세요.

대상	
방법	☐ 녹음 ☐ 동영상 촬영 ☐ 사진 촬영 ☐ 전화 인터뷰 ☐ 기타: ____________
시간 및 장소	
질문	• • • • •

03 자신이 선정한 대상을 만나 인터뷰 계획에 따라 인터뷰하세요. 그리고 인터뷰한 내용을 발표해 보세요.

04 친구들의 인터뷰 발표를 듣고 인터뷰 대상에 대해 추가로 질문하고 싶은 내용은 무엇인지 이야기해 보세요.

Part 3 어휘 확장

죽음 관련 표현

48

01 다음은 죽음과 관련이 있는 표현입니다. 그 의미를 추측해 보세요.

죽음

- 눈에 흙이 들어가다
- 목숨을 끊다
- 숨이 멎다
- 최후를 맞다
- 한 줌의 재가 되다

02 다음 대화를 완성해 보세요.

(1) A: 수지야, 부모님께 결혼 승낙은 받았어?

B: 아니. 아버지께서 그 사람은 미래가 불투명하다고 심하게 반대하셔. "내 ______________ 전에는 절대 안 돼."라고까지 말씀하셨거든.

(2) (뉴스에서)

A: 최근 잇달아 전해지는 연예인들의 자살 소식에 많은 이들이 안타까워하고 있는데요.

B: 네. 대부분의 연예인들이 불안정한 수입과 우울증으로 힘들어 하다가 스스로 ______________ 극단적인 선택을 하는 것으로 보입니다.

(3) A: 어제 사극 〈삼국 시대〉 마지막 회 너도 봤어? 배우 박철연의 연기가 대단했지?

B: 나도 봤어. 전쟁에서 비극적인 ______________ 장군의 모습을 어찌나 실감나게 연기하던지 나도 모르게 눈물이 나더라고.

03 여러분 나라에도 죽음과 관련된 표현이 있습니까? 여러분 나라의 죽음 관련 표현에 대해 이야기해 보세요.

사자성어

대기만성 전화위복 파란만장

49

01 다음 문장을 보고 사자성어의 의미를 추측해 보세요.

(1) 영화배우 최명식은 긴 무명 시절을 보내고 유명 배우가 된 **대기만성**형 인간이다.

(2) 현재의 어려움을 **전화위복**의 기회로 삼는 것이 성공의 지름길이다.

(3) 그는 78세의 나이로 사연과 시련이 많았던 **파란만장**한 일생을 마쳤다.

02 다음 사자성어의 의미를 찾아 연결해 보세요.

(1)	대기만성	•	•	크게 될 사람은 시간과 노력이 많이 들어 늦게 이루어짐
(2)	전화위복	•	•	사람의 생활이나 일의 진행에 시련이 많고 변화가 심함
(3)	파란만장	•	•	나쁜 일이 바뀌어 오히려 복이 됨

03 사자성어를 사용해서 대화를 완성해 보세요.

(1) A: 선생님, 우리 소희는 매일 피아노 연습을 하는데 실력이 별로 늘지 않는 것 같아요.

B: 조급하게 생각하지 마세요. 따님은 음악에 소질이 있고 꾸준히 연습하고 있으니까 꼭 훌륭한 피아니스트가 될 거예요. ________________(이)라고 하잖아요.

(2) A: 수상을 축하드립니다. 수상 소감 한 말씀 해 주십시오.

B: 저는 이 자리에 오기까지 이런저런 어려움이 많은 ________________한 인생을 살았습니다. 어려운 일을 참아 내니 저에게도 이런 좋은 날이 오네요.

(3) A: 이제는 성공한 CEO가 되셨는데요. 축구 선수에서 사업가로 전업을 하게 된 계기는 무엇입니까?

B: 다리 부상으로 축구를 할 수 없게 되었는데 그게 오히려 ________________ 이/가 되어 새로운 길을 모색할 수 있었습니다.

- 전업
- 모색하다

04 여러분의 인생에서 전화위복이 되었던 일이 있습니까? 언제, 어떤 일이었는지 이야기해 보세요.

제8과

환경과 에너지

제8과 환경과 에너지

Part 1	준비합시다	1 -는 통에 2 -겠거니 하고
	들어 봅시다	자원 고갈과 환경 문제에 대한 인터뷰 듣기
	말해 봅시다	댐 건설의 필요성에 다해 토론하기
Part 2	준비합시다	1 -(으)ㄹ 바에(야)
	읽어 봅시다	녹색 성장에 대한 칼럼 읽기
	써 봅시다	환경 운동 참여를 촉구하는 연설문 쓰기
Part 3	과제 활동	환경 보호를 홍보하는 노래 개사하기
	어휘 확장	끝 관련 표현
	사자성어	설상가상 속수무책 자업자득

Part 1

준비합시다

01 -는 통에

50

침수 피해로 아무것도 챙길 수 없었던 상황을 이유로 말할 때 어떻게 표현할까요?

A 집이 침수됐다고 들었는데 귀중품은 챙겨 나오셨지요?

B 아니요. 집 안으로 물이 쏟아져 들어오는 통에 아무것도 챙기지 못하고 간신히 몸만 빠져나왔어요.

문법

'V+는 통에'는 어떤 복잡한 일로 정신적인 여유가 없었던 것이 원인이나 근거가 되어 뒤의 결과가 나왔음을 나타낸다.

예 식당에서 아이들이 뛰어다니는 통에 제대로 밥을 먹을 수가 없었다.
함께 사는 친구가 밤새도록 기침을 해 대는 통에 도저히 잠을 잘 수가 없었어요.

연습

다음 결과가 생긴 원인에 대해 '-는 통에'를 사용해서 말해 보세요.

	원인	결과
보기	여기저기서 전화가 걸려 오다	맡은 일을 다 끝내지 못했다
①	옆자리에 앉은 사람이 계속 들락날락하다	영화를 제대로 볼 수 없었다
②	터널에서 10중 추돌 사고가 나다	2시간이나 늦게 출근했다
③	인기 배우를 보려고 사람들이 서로 밀어 대다	사람들이 넘어져서 다치는 사고가 났다
④	환율이 갑자기 천정부지로 오르다	해외여행 계획을 취소했다

A 왜 맡은 일을 아직도 끝내지 못했어요? 퇴근 전까지 끝내기로 했잖아요.

B 죄송합니다. 여기저기서 전화가 걸려 오는 통에 아직 다 끝내지 못했어요.

· 침수
· 들락날락하다

02 -겠거니 하고

51

절전형 제품의 효과를 기대하지 않았지만 예상과 달리 절전 효과가 컸음을 어떻게 표현할까요?

A 절전형 형광등으로 바꾸면 전기 요금이 적게 나오기는 해요?
B 저도 별 차이 없겠거니 하고 큰 기대는 안 했는데 절전 효과가 상당하던데요.

문법

'A/V+겠거니 하고'는 마땅한 사실로 단정하거나 미루어 짐작하여 어떤 행동을 했음을 나타낸다.

예 장마철이라서 오늘도 비가 오겠거니 생각하고 우산을 가지고 나왔다.
미국에 가면 영어 사전이 유용하겠거니 하고 챙겨갔는데 오히려 짐만 되었어요.

연습

미루어 짐작하여 한 행동에 대해 '–겠거니 하고'를 사용해서 말해 보세요.

	짐작	행동	가능성
보기	평일이라서 관람객이 적다	표를 예매하지 않았다	인기 있는 영화라 언제 매진될지 모르다
①	휴대 전화 배터리가 충분하다	배터리를 갈아 끼우지 않았다	휴대 전화를 많이 사용하면 배터리가 빨리 닳다
②	며칠이 지나면 감기가 낫다	병원에 가지 않았다	요즘 감기는 잘 떨어지지 않다
③	시험이 쉽게 출제되다	공부를 대충 했다	예상치 못한 문제가 나올 가능성이 있다
④	대학원을 졸업하면 쉽게 취업하다	취업 준비를 하지 않았다	경기 불황으로 취업하기가 어렵다

A 평일이라서 관람객이 적겠거니 하고 표를 예매하지 않았는데 괜찮겠지요?
B 글쎄요. 인기 있는 영화라 언제 매진될지 모르니까 예매를 하는 게 낫겠어요.

· 절전

Part 1

들어 봅시다

자원 고갈과 환경 문제에 대한 인터뷰 듣기

01 다음에서 맞는 표현을 골라 문장을 완성해 보세요.

기상 이변	기후 변화	온실가스
지구 온난화	재생 에너지	화석 연료

(1)	오랫동안 지속되던 기후가 인위적 요인에 의해 바뀌는 현상을 ____________(이)라고 한다. 이것은 잦은 태풍이나 심한 가뭄, 폭염 등 ____________을/를 불러왔다.
(2)	석탄, 석유, 천연가스와 같은 ____________의 무분별한 사용으로 지구 대기에 이산화탄소와 같은 ____________의 양이 증가했다. 이러한 현상은 지구의 평균 기온을 상승시켜 ____________을/를 초래했다.
(3)	에너지 자원이 점차 고갈되어 감에 따라 태양열, 풍력, 조력과 같은 ____________에 대한 투자와 보급이 시급한 상황이다.

02 다음은 세계 에너지 소비 증가량을 보여 주는 도표입니다. 다음을 보고 물음에 답해 보세요.

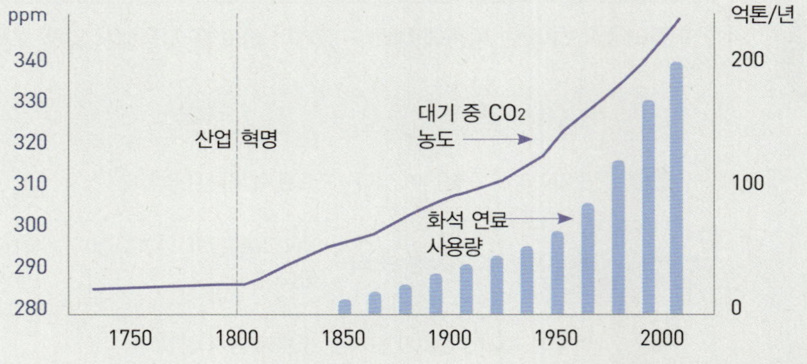

출처: 국제에너지기구 (IEA)

(1) 화석 연료의 소비량이 급격히 늘어나기 시작한 것은 언제입니까?

(2) 화석 연료의 사용에 따라 이산화탄소(CO_2) 농도는 어떻게 변화되어 왔습니까?

- 인위적
- 고갈
- 풍력
- 조력
- 이산화탄소
- 산업혁명
- 농도

03 다음은 자원 고갈과 환경 문제에 대한 인터뷰입니다. 잘 듣고 물음에 답하세요. 52

(1) 인터뷰에서 다루고 있는 내용이 아닌 것은 무엇입니까?

① 석유 고갈에 따른 문제
② 자원 이용에 따른 환경 문제
③ 해양 오염을 방지하기 위한 대책
④ 기후 변화 문제를 해결하기 위한 노력

(2) 들은 내용과 같은 것은 무엇입니까?

① 화석 연료를 사용하는 과정에서 온실가스가 가장 많이 배출된다.
② 파괴된 환경을 원상 복구하는 데 막대한 비용이 드는 것이 문제이다.
③ 지구 온난화로 인해 온실가스가 발생하며 이는 기후 변화로 이어진다.
④ 화석 연료를 수송하는 과정에서 발생할 수 있는 환경 오염이 가장 심각하다.

(3) 각 주체별로 기후 변화 문제를 해결하기 위한 방안으로 제시한 것은 무엇입니까?

주체	방안
정부	
기업	
개인	

04 여러분은 에너지 및 자원 절약을 위해 구체적으로 어떤 노력을 하고 있는지 친구들과 이야기해 보세요.

· 수송
· 감축량

Part 1

말해 봅시다

댐 건설의 필요성에 대해 토론하기

01 다음은 댐 건설을 둘러싼 갈등을 보여 주는 사진입니다. 사람들이 댐 건설에 찬성 또는 반대하는 이유에 대해서 이야기해 보세요.

02 두 사람은 댐 건설에 대해서 토론하고 있습니다. 두 사람의 주장과 그 근거를 찾아 정리해 보세요.

논제: 물 부족을 해소하기 위해 댐 건설은 꼭 필요하다.

일부에서는 물을 절약하면 물이 부족한 것을 해결할 수 있다고 주장하는데 연중 고르게 비가 오는 유럽과 근본적으로 차이가 있는 한국의 기후 특성을 잘 몰라서 그런 거라고 봐요. 아시다시피 한국에서는 여름철에 내리는 비가 연간 강수량의 70%를 차지하는데 이때 물을 확보해 두지 않으면 1년 내내 물이 부족하게 되지요. 게다가 계속해서 물 수요량이 증가하고 있다는 점을 감안하면 절약만으로 물 부족 문제가 해결될 것 같지는 않은데요.

물 수요량에 대한 정부의 예측은 주먹구구식으로 이루어졌기 때문에 신빙성이 떨어진다고 봐요. 정부의 예측은 1인당 물 사용량이 앞으로도 계속 현재의 수준을 유지할 것이라는 데에서 출발하고 있거든요. 물 사용량을 일정 수준으로 끌어내리면 댐을 건설할 필요도 자연히 사라지겠지요. 기존의 댐들도 유지 관리에 막대한 예산을 쏟아 부어야 하는 애물단지로 남지 않겠어요?

	주장	근거
수진	•	•
마이클	•	•

· 연중
· 주먹구구
· 신빙성
· 애물단지

03 여러분은 물 부족 문제를 해결하기 위해 댐 건설이 필요하다고 생각합니까? 자신의 주장과 근거를 정리해 보세요.

주장	
근거	· · · ·

04 정리한 내용을 바탕으로 댐 건설에 대해 토론해 보세요.

기능 표현

질문하며 반론 제기하기

- **A**: 댐 건설만이 물 부족 사태의 유일한 해결책이라고 생각하는데요.
  B: 물 절약 운동을 통해 물 수요량을 줄여 나가면 될 것을 굳이 자연을 **훼손하면서까지** 댐 건설을 **강행해야겠습니까?**
- **A**: 예전부터 댐을 건설해 왔지만 홍수 피해는 오히려 증가했습니다. 그러니까 댐의 홍수 조절 효과에 의심을 가질 수밖에 없습니다.
  B: 그건 기후 변화에서 기인한 것입니다. 댐 건설로 인해서 그나마 피해가 줄어들었다고 **볼 수도 있는 거 아닙니까?**

· 강행하다
· 기인하다

Part 2

준비합시다

01 -(으)ㄹ 바에(야)

53

안 입는 옷을 버리는 것보다 재활용 센터에 보내는 것이 낫다고 말할 때 어떻게 표현할까요?

A 옷장 안에 가득 쌓인 옷은 안 입을 것 같은데 버리는 게 어때요?
B 아직 입을 만하니까 버릴 바에야 재활용 센터에 갖다 주는 게 낫지요.

문법

'V+(으)ㄹ 바에(야)'는 앞 내용이 뒤 내용보다 못하다고 여겨 앞 내용을 받아들이지 않음을 나타낸다.

예 안 먹고 스트레스를 받을 바에야 먹고 싶은 걸 먹고 열심히 운동하는 게 낫다.
거짓말을 할 바에야 마감 날짜까지 제출하지 못한다고 솔직하게 말하는 게 어때?

연습

제안을 받아들일 수 없어 거절함을 '-(으)ㄹ 바에(야)'를 사용해서 말해 보세요.

	제안	거절		
보기	성적에 맞춰 전공을 선택하다	흥미가 없는 공부를 하다	→	힘들더라도 재수를 하다
①	식당 앞에서 줄을 서다	줄을 서서 한참 기다리다	→	편의점에서 간단하게 때우다
②	시간이 늦었으니 그만 집에 돌아가다	지금 들어가서 부모님께 야단을 맞다	→	실컷 놀다가 들어가다
③	최신 노트북을 할부로 사다	할부 이자를 내다	→	안 사고 말다
④	배가 고프니 라면으로 끼니를 때우다	인스턴트 음식을 먹다	→	시간이 걸리더라도 밥을 해서 먹다

· 재수

A 성적에 맞춰 전공을 선택하는 게 어때?
B 흥미가 없는 공부를 할 바에야 힘들더라도 재수를 할래. 재수를 해서라도 원하는 공부를 하는 게 나을 것 같아.

읽어 봅시다

녹색 성장에 대한 칼럼 읽기

01 여러분 나라의 환경 정책은 어떤 것이 있습니까? 환경 정책 시행 후 어떤 점이 달라졌습니까?

02 다음은 환경과 관련된 정책입니다. 이 정책의 결과에 대한 신문 기사의 제목을 찾아 연결해 보세요.

	정책	신문 기사 제목
(1)	 건물 재활용을 위한 정부 보조금 지원	'저탄소 상품' 날개 돋친 듯이 팔려
(2)	 제품 겉면에 이산화탄소 배출량 의무 표기	첨단 기술로 국가 경제 되살아나
(3)	 자전거 대여와 반납을 위한 자전거 역 설치	기존 건물 철거 비율 현저히 줄어
(4)	 에너지 혁신 기술 중점 개발	자전거 이용해 시내 교통량 감소로 이어져

· 보조금
· 돋치다
· 철거
· 혁신

Part 2

읽어 봅시다

03 녹색 성장에 대한 칼럼입니다. 잘 읽고 물음에 답하세요. 54

오늘의 칼럼

이제는 녹색 성장이다

이수철(대한환경운동연합 사무총장)

세계는 지금 기후 변화로 상징되는 환경 위기와 고유가로 대표되는 자원 위기에 동시에 직면해 있다. 특히 기후 변화 문제는 연이은 기상 이변을 유발하는 것은 물론 생태계 질서를 근본적으로 뒤흔들며 인류의 생존을 위협하고 있다. 이런 상황에서 그동안의 개발 중심의 경제 발전에 대한 성찰과 회의의 목소리가 이어지고 있다. 기존의 성장 방식은 환경을 해칠 뿐만 아니라 자원이 고갈되어 감에 따라 한계에 도달했기 때문이다.

이에 따라 세계 각국의 정부는 저마다 '녹색'을 염두에 둔 미래 전략을 제시하고 있는데 이것이 녹색 성장이다. 녹색 성장은 환경과 경제의 상생을 추구하는 개념으로 환경을 훼손하지 않으면서 경제 성장을 이루는 것을 의미한다. 녹색 성장은 환경과 경제 성장이 서로 상충된다는 고정 관념에서 탈피하여 둘 사이의 상승효과를 극대화하려는 성장 방식이다. 경제 성장이 환경을 훼손하기보다는 이를 개선하고, 환경 역시 경제 성장을 방해하기보다는 성장의 동력이 되도록 하는 것이다. 예를 들어, 하이브리드카를 개발·생산·수출함으로써 자원 사용량을 줄이고 동시에 경제 성장을 이룰 수 있다.

선진국들은 이미 녹색 성장에 국력을 집중하고 있다. 자원이 고갈됨에 따라 에너지 가격이 치솟으면서 자원을 대량 소비하는 경제 성장은 환경적인 측면에서도 바람직하지 않을뿐더러 더 이상 지속할 수도 없다. 값비싼 자원을 소비하며 온실가스 문제를 걱정할 바에야 비용이 많이 들더라도 친환경 에너지를 개발하는 데 힘쓰는 것이 더 현명하다. 자원 이용에 따른 환경문제가 심각해질수록 향후 국제사회는 각국의 온실가스 배출량을 강제로 규제할 가능성이 크다. 그렇게 될 경우 많은 나라가 안게 될 경제적인 부담은 상상 이상일 것이다.

그렇다면 녹색 성장을 이루기 위해서는 어떤 노력이 필요할까? 우선 온실가스 배출에 대한 규제를 강화하고 친환경 에너지의 개발과 보급에 노력해야 한다. 둘째, 에너지 절약을 생활화하고 에너지를 효율적으로 사용할 수 있도록 해야 한다. 셋째, 에너지 저소비형 산업, 즉 지식 서비스 산업 중심으로 산업 구조를 바꾸어 나가야 한다. 마지막으로 환경에 대한 인식 전환을 통해 국민들이 친환경 제품 이용을 생활화함으로써 자원 절약이 생산에서뿐만 아니라 소비 차원으로도 확대되어야 한다.

환경 위기는 지금도 세계 곳곳에서 진행되고 있으며 지구촌 어디에서도 이 문제로부터 자유로울 수 없다. 이런 위기에 계속 쫓길 것인가, 아니면 이 위기를 또

- 성찰
- 회의
- 염두

다른 도전의 기회로 삼을 것인가. 그것은 우리의 손에 달려 있다. 녹색 성장은 이제 선택이 아닌 생존을 위한 필수 과제로 자리 잡았다. 녹색 성장이야말로 지구와 인류, 우리 자신을 변화시키는 아름다운 힘이기 때문이다.

(1) 이 글에서 녹색 성장의 개념을 찾아 써 보세요.

(2) 세계 각국이 녹색 성장을 추진하는 배경으로 알맞지 않은 것은 무엇입니까?

① 에너지 자원의 가격이 급등하고 있다.
② 기후 변화로 인한 환경 위기가 초래되었다.
③ 국제 사회의 온실가스 감축 규제가 강제되었다.
④ 기존의 방식으로는 지속적인 성장이 불가능해졌다.

(3) 녹색 성장을 이루기 위한 노력으로 알맞지 않은 것은 무엇입니까?

① 산업 구조를 에너지 저소비형 산업으로 바꿀 필요가 있다.
② 자원의 사용량을 줄이기 위해 경제 성장의 목표치를 낮춰야 한다.
③ 자원 절약이 생산뿐만 아니라 소비 차원으로도 확대되도록 해야 한다.
④ 일상생활에서의 에너지 절약은 물론이고 보다 효율적인 에너지 사용이 필요하다.

(4) 글쓴이의 의도로 알맞은 것은 무엇입니까?

① 녹색 성장을 위한 정부 제도의 개선 노력이 절실하다.
② 녹색 성장은 친환경 산업을 육성하는 것이 주요 목표이다.
③ 녹색 성장을 위해서는 무엇보다 기업의 동참을 이끌어 내야 한다.
④ 녹색 성장을 통해 환경을 지키고 경제 성장을 이끌 수 있도록 노력해야 한다.

04 여러분 나라에서는 온실가스 감축을 위해 어떤 정책을 펼치고 있는지, 그 정책은 어떤 효과가 있는지 이야기해 보세요.

Part 2

써 봅시다

환경 운동 참여를 촉구하는 연설문 쓰기

01 다음은 환경 운동 참여를 촉구하는 연설문의 일부입니다. 이 연설문은 누구를 대상으로 하는지, 어떤 형식으로 구성되어 있는지 이야기해 보세요.

구성	내용	연설문
제목		지구의 날, 불끄기 운동에 동참합시다!
들어가는 말	① 인상 깊고 특색 있는 표현으로 청중의 주의 끌기	① 여러분, 안녕하십니까? 저는 외국인 학생 대표 나타샤입니다. 여러분은 '지구'하면 제일 먼저 무엇이 떠오릅니까? 저는 이 지구를 아무 대가 없이 무조건적인 사랑을 베푸는 우리 어머니에 비유하고 싶습니다. 지구는 자연을 품고 있는 어머니와 같은 존재입니다.
본문	② 환경 문제를 제시하며 연설의 이유 밝히기	② '어머니'가 이제는 늙고 병들어 가고 있습니다. 기후 변화가 점점 가속화되고 있지만 우리는 그 심각성을 깨닫지 못하고 아직도 어머니에게서 무언가를 계속 받으려고만 합니다. 이제는 우리가 무엇인가 하지 않으면 안 될 때이기에 이 자리에 섰습니다.
	③ 화제 전개하기	③ 4월 22일, 저녁 8시부터 9시까지, 전 세계는 한 시간 동안 어둠에 잠기게 됩니다. 여러분들도 불끄기 운동에 적극 동참하여 우리가 기후 변화에 적극적인 행동을 원한다는 분명한 메시지를 전달합시다.
	④ 대안 · 비전 제시하며 가능성과 당위성 강조하기	④ 한 등 끄기로 얼마나 에너지를 절약할 수 있을까 생각하시는 분도 있을 것입니다. 그러나 작은 실천도 천만 시민이 함께하면 큰 변화를 만들어낼 수 있다고 저는 믿습니다. 기후 변화를 막기 위한 사상 최대의 캠페인에 여러분도 함께해 주십시오! 이러한 노력은 한두 개인이 아니라 직업, 지역, 계층, 나이, 국적을 넘어 전 세계가 함께 한다면 실효를 거두게 될 것입니다.
맺는말	⑤ 의견 정리하고 마무리 인사하기	⑤ 여러분! 지구를 위한 시간에 함께 뜻을 모읍시다. 4월 22일 저녁 8시를 기억해 주십시오!

- 당위성
- 가속화
- 실효

02 대상과 분량을 고려하여 연설문의 내용을 정리해 보세요.

청중 / 연설 대상	
분량	일반적인 발화 속도로 3분 이내에 낭독할 수 있는 분량
환경 운동의 주제	
주장	
근거	

03 환경 운동 참여를 촉구하는 연설문의 개요를 작성해 보세요. 그리고 정리한 내용을 바탕으로 연설문을 써 보세요.

제목: ______________________

들어가는 말	
본문	(1)
	(2)
	(3)
맺는말	

04 작성한 연설문으로 친구들 앞에서 연설해 보세요. 친구들의 연설문이 설득력 있게 구성되었는지 이야기해 보세요.

Part 3

과제 활동

환경 보호를 홍보하는 노래 개사하기

01 다음은 환경을 주제로 한 노래입니다. 다음을 읽고 물음에 답해 보세요.

적녹색인생 (작사·곡: 015B)

상쾌한 아침엔 샴푸로 머리 감고
거울 앞에선 무스로 단장을 하고
하얀 연기를 뿜는 자가용 타고
친숙해진 소음 속에 나서지

깔끔한 식당에선 언제나 일회용 컵
일회용 젓가락만 쓰려 하고
문화인이란 음식을 남겨야 한다고 생각하지

공장폐수 얘기에 의례히 화를 내고
돌아서면 금방 잊어버리고
더러워진 외출복은 합성세제로 세탁하지

(후렴) 우리가 내던진 많은 무관심과 이기심 속에
이제는 더 이상 맑은 공기를 마실 수 없잖아

(1) 이 노래를 통해 전달하고자 하는 내용은 무엇입니까?

(2) 이 노래에서 다루고 있는 환경 오염의 원인을 찾아 써 보세요.

02 환경 보호를 홍보하기 위해 개사를 하려고 합니다. 다음을 읽고 정해 보세요.

(1) 개사할 곡의 장르와 노래를 선정해 보세요.

장르	▢ 댄스 ▢ 랩 ▢ 록 ▢ 발라드 ▢ 트로트 ▢ 기타: ________
곡명	

· 개사하다
· 무스
· 단장
· 합성세제
· 내던지다
· 의례히

(2) 개사할 노래에서 다룰 환경 문제를 정해 보세요.

☐ 대기 오염	☐ 사막화	☐ 물 부족	☐ 지구 온난화
☐ 수질 오염	☐ 자원 고갈	☐ 기타: ________	

(3) 우리 생활 주변에서 환경 문제를 일으키는 예를 찾고 문제를 해결할 수 있는 방법을 정리해 보세요.

환경 문제를 일으키는 예	해결 방안
•	•
•	•
•	•
•	•
•	•

03 선정한 곡에 맞게 환경 보호를 홍보하는 노랫말을 만들어 보세요.

곡명	
가사	

04 친구들의 노래를 듣고 가장 효과적으로 메시지를 전달한 노래는 무엇인지 이야기해 보세요.

Part 3 어휘 확장

끝 관련 표현

55

01 다음은 끝과 관련이 있는 표현입니다. 그 의미를 추측해 보세요.

끝

- 꼬리표를 떼다
- 유종의 미를 거두다
- 대단원의 막을 내리다
- 발을 빼다
- 마침표를 찍다

02 다음 대화를 완성해 보세요.

(1) A: 흥행과 작품성 모두를 인정받은 마당놀이 〈춘향〉이 3,000회 공연을 마지막으로 ________________.

B: 서울뿐 아니라 지방 곳곳에서도 인기가 대단했다고 하던데 못 본 게 아쉽네.

(2) A: 박시윤 씨는 가수 출신이라서 그런지 연기력에 대한 논란이 있지요?

B: 네. 처음 활동 당시에는 논란이 있었지만 최근 작품을 통해 가수 이미지에 대한 ________________ 연기자로 당당히 자리매김을 한 것 같아요.

(3) A: 감독님, 오늘이 대표 팀 감독으로서 마지막 경기인데요, 어떤 각오로 임하실지 한마디 부탁드립니다.

B: 오늘이 마지막 경기인 만큼 최선을 다해 ________________ 싶습니다.

03 여러분은 오랫동안 노력해 오던 일에 대해 유종의 미를 거둔 적이 있습니까? 그 일은 무엇이었는지, 어떤 결과를 가져왔는지 이야기해 보세요.

- 마당놀이
- 자리매김하다
- 임하다

사자성어

설상가상　속수무책　자업자득

56

01 다음 문장을 보고 사자성어의 의미를 추측해 보세요.

(1) 시간도 빠듯한데 **설상가상**으로 길까지 막혀 예정된 시간에 도착하기 힘들 것 같다.

(2) 그들은 집이 불길 속에 타는 것을 **속수무책**으로 지켜볼 수밖에 없었다.

(3) 애초에 문제의 원인이 자기 자신에게 있었던 만큼 모든 일이 **자업자득**이다.

02 다음 사자성어의 의미를 찾아 연결해 보세요.

(1)	설상가상	•	•	어찌할 도리가 없어 꼼짝 못함
(2)	속수무책	•	•	자기가 저지른 일의 결과를 자기가 받음
(3)	자업자득	•	•	난처한 일이나 불행한 일이 잇따라 일어남

03 사자성어를 사용해서 대화를 완성해 보세요.

(1) A: 농산물 가격이 너무 많이 올라서 요즘은 장보기가 겁나요.
B: 그러게요. ____________________(으)로 대중교통 요금까지 줄줄이 오른다니 서민들은 허리가 휘게 생겼어요.

(2) A: 강원도 지역에 기록적인 폭설로 마을이 고립되어 피해가 크다던데요.
B: 산간 지역은 폭설이 내리면 도로가 통제되기 때문에 주민들은 ____________ ________(으)로 피해를 당할 수밖에 없어요.

(3) A: 산업 폐기물을 몰래 버려 오다 발각된 회사가 수억 원대의 벌금을 못 내서 문을 닫을지도 모른대요.
B: 불법을 저지른 책임이 그 회사에 있으니 문을 닫더라도 __________________ 인 셈이지요.

04 여러분은 곤란한 일이 잇따라 생겨 설상가상의 상황에 빠진 적이 있습니까? 어떤 상황이었는지 이야기해 보세요.

· 애초
· 휘다
· 고립되다
· 발각되다

제9과

주거와 생활

제9과 주거와 생활

Part 1

준비합시다	1 -기(에) 망정이지　2 -(으)려고 들다
들어 봅시다	한옥의 냉방 방식에 대한 강의 듣기
말해 봅시다	전통 가옥의 특징에 대해 발표하기

Part 2

준비합시다	1 -(으)ㄴ/는 마당에
읽어 봅시다	주거 문화에 대한 잡지 기사문 읽기
써 봅시다	주거 형태별 특징에 대한 설명문 쓰기

Part 3

과제 활동	건축물을 소개하는 해설집 만들기
어휘 확장	잠 관련 표현
사자성어	가가호호　사면초가　사상누각

Part 1

준비합시다

01 -기(에) 망정이지

57

방범 창을 설치한 덕분에 다행히 도둑이 들지 않았음을 어떻게 표현할까요?

A 아파트 단지에 도둑이 들었다던데 수진 씨 집은 괜찮아요?

B 방범 창을 미리 설치해 두었기에 망정이지 하마터면 우리 집도 큰일 날 뻔했어요.

문법

'V+기(에) 망정이지'는 앞 내용 덕분에 다행스럽게 바람직하지 않은 일을 피할 수 있었음을 나타낸다.

예 난방 시설을 미리 손봤기에 망정이지 안 그랬으면 밤새도록 추위에 떨 뻔했어요.
마침 도와주는 사람이 있었기에 망정이지 하마터면 회사가 영락없이 남의 손에 넘어갈 뻔했다.

연습

다행히 나쁜 상황을 피했음을 '-기(에) 망정이지'를 사용해서 말해 보세요.

	상황	도움이 된 사실	나쁜 상황
보기	체육 시간에 철봉에서 떨어졌다	철봉 밑에 매트가 깔려 있었다	크게 다치다
①	여자 친구와 같이 식사를 했는데 식사 값이 모자랐다	마침 새로 신청한 신용 카드가 있었다	창피를 당하다
②	평소보다 늦게 집을 나섰다	때마침 빈 택시가 왔다	회의에 참석하지 못하다
③	이사철이라 이삿짐센터 예약이 힘들었다	한 달 전에 예약해 두었다	제날짜에 이사를 못 가다
④	눈길이 미끄러워서 넘어졌다	옆에 있던 친구가 마침 나를 잡아 주었다	엉덩방아를 찧다

A 체육 시간에 철봉에서 떨어졌다면서요? 다치지는 않았어요?

B 네. 철봉 밑에 매트가 깔려 있었기에 망정이지 하마터면 크게 다칠 뻔했어요.

· 하마터면
· 철봉
· 엉덩방아

02 -(으)려고 들다

58

햇빛이 잘 드는 남향집만 구하려고 하면 집을 찾기 힘듦을 어떻게 표현할까요?

A 남향이 따뜻하고 햇빛도 잘 드니까 남향집으로 알아봐 주실 수 있어요?
B 그 예산으로 남향집만 구하려고 들면 집 구하기가 쉽지 않을 텐데요.

문법

'V+(으)려고 들다'는 어떤 행위를 할 의도를 가지고 적극적으로 노력함을 나타낸다.

예 여러 사람이 힘을 모아서 하려고 들면 불가능한 일은 없을 거예요.
화를 억지로 안 내거나 무조건 참으려고 들다가는 정신 건강을 해칠 수 있다.

연습

다음의 행동에 대해 '-(으)려고 들다'를 사용해서 말해 보세요.

	행동	결과
보기	영민은 뭐든지 이해하지 않고 외우다	영민은 응용하는 능력이 부족하다
①	마이클은 무슨 일이든 열심히 배우다	마이클은 새로운 업무를 빨리 익히다
②	모두가 자기 잇속만 채우다	요즘은 기부 문화가 활성화되지 않다
③	케이코는 자신의 이야기를 자꾸 숨기다	케이코와는 거리감이 느껴지다
④	김 대리는 업무 시간에 일은 안 하고 농담을 하다	과장님이 김 대리를 좋아하지 않다

A 영민 씨는 응용하는 능력이 부족한 것 같지요?
B 네. 영민 씨는 뭐든지 이해하지 않고 외우려고 드니까 응용하는 능력이 부족할 수 밖에 없지요.

· 남향
· 잇속

Part 1

들어 봅시다

한옥의 냉방 방식에 대한 강의 듣기

01 다음은 마이클이 한옥마을을 방문한 후에 쓴 수필의 일부입니다. 다음을 읽고 한옥의 어떤 특징에 대해 썼는지 이야기해 보세요.

문화 수업으로 찾은 남산골 한옥마을. 도심에 위치한 곳이라 찾아가는 것은 그리 어렵지 않았지만 무더운 날씨가 우리를 지치게 했다. 도착하자마자 그늘을 찾아 들어간 곳은 한옥의 넓은 대청. 오래된 나무의 질감이 고스란히 묻어 있어 고풍스러운 분위기를 느낄 수 있었다. 대청에 걸터앉으니 시원하게 트인 마당과 대청 뒤에서 불어오는 자연 바람이 우리를 반기는 것 같았다. 바람 한 점 없는 날에도 대청에는 땀을 식히기에 충분한 바람이 불었는데 마음까지 시원해지는 기분이 들었다. (후략)

02 다음은 한옥마을의 한옥 체험 프로그램입니다. 어떤 주제로 체험 프로그램이 계획되었는지 이야기해 보세요.

· 일시: 7월~8월 중 매일
· 시간: 12:00, 13:00, 14:00

문화 해설사와 함께하는 한옥 체험

· 장소: 남산골 한옥마을
· 인원: 10명 내외/회당
· 참가비: 무료
· 참가 대상: 한옥 체험을 희망하는 외국인
· 내용
  – 한옥의 냉방 장치에 대한 이해
  – 바람이 드나드는 길, 한옥

· 한옥에서 무더운 여름 나기
- 문화 해설사와 함께 한옥의 냉방 장치에 대한 이야기를 들어 본다.

방과 방 사이에 위치한
넓은 대청

창이나 문을 들어 올려
고정시키는 걸쇠

일직선으로 놓인 창

· 대청
· 처마

03 다음은 한옥의 냉방 방식에 대한 강의입니다. 잘 듣고 물음에 답하세요. 59

(1) 강의에서 다루고 있는 내용이 아닌 것은 무엇입니까?

① 건축 재료에 따른 실내 온도 차이
② 통풍을 위해 문을 매달기 위한 장치
③ 바람이 발생하는 원리를 이용한 대청
④ 실내로 바람을 끌어들이는 창과 문의 배치

(2) 대청에서 바람을 발생시키는 요소는 무엇입니까?

① 대청의 높은 천장
② 일직선으로 배치된 창과 문
③ 앞마당에 심어진 나무와 잔디
④ 앞마당과 뒷마당 사이의 온도 차이

(3) 한옥의 창과 문에 대한 설명으로 알맞지 않은 것은 무엇입니까?

① 통풍을 유도해서 실내의 습도를 조절했다.
② 바람이 막힘없이 통과할 수 있도록 배치했다.
③ 멀리서도 풍경을 즐기기 위해 일직선으로 배치했다.
④ 공간을 넓게 사용하기 위해 걸쇠를 이용하여 들어 올리기도 했다.

04 여러분 나라의 전통 가옥은 여름철을 보내기 위해 어떤 방식으로 냉방을 했는지 이야기해 보세요.

Part 1

말해 봅시다

전통 가옥의 특징에 대해 발표하기

01 다음은 한국의 전통 가옥입니다. 두 전통 가옥은 어떤 차이가 있는지 사진을 보고 이야기해 보세요.

기와집	초가집

02 다음은 한국의 전통 가옥에 대한 설명입니다. 다음을 읽고 표를 완성해 보세요. 그리고 한옥의 특징에 대해 이야기해 보세요.

한국의 전통 가옥

한국의 전통 가옥은 신분의 높고 낮음에 따라 반가와 민가로 나뉜다. 양반들이 사는 반가는 지붕 재료로 기와를 사용했고 일반 서민들이 거주하는 민가는 볏짚을 사용했다. 그래서 지붕 재료에 따라 기와집 그리고 초가집이라고도 한다.

전통 가옥의 구조는 지역에 따라 다르다. 북부 지역에서는 외부의 냉기를 막고 내부의 열을 유지하기 위해 방을 두 줄로 배열하고 지붕을 낮게 지었다. 이에 비해 남부 지역에서는 통풍이 잘되도록 방을 한 줄로 배열하고 넓은 대청을 두었다.

주재료는 주변에서 쉽게 구할 수 있는 돌과 나무, 흙 등을 사용했다. 기둥과 문, 마루의 바닥은 나무를 썼는데 못을 사용하지 않고 나무를 맞추는 방식이었다. 그리고 그 사이를 짚과 흙을 섞어 흙벽으로 채웠다. 또한 문과 창에는 한지를 발랐는데 한지는 실내의 빛과 습도를 조절하기 위함이었다. 방의 바닥은 한지를 깐 뒤 기름을 발라 방수가 되게 했다.

과거에 신분제 사회로 양반과 서민의 집이 규모와 장식에서 차이가 있었다. 또한 신분과 남녀, 연령에 따라 건물을 달리했는데 여성이 생활하는 안채와 남성이 생활하는 사랑채, 하인이 생활하는 행랑채로 구분되었다. 그리고 사랑채에서 가까운 집의 안쪽에는 제사를 지내기 위한 사당을 두었다.

- 냉기
- 배열
- 짚
- 방수
- 안채
- 사랑채
- 행랑채
- 사당

분류	• 신분에 따라 반가와 민가로 나뉨 •
형태	• 북부 지역에서는 내부의 열을 유지하기 위해 방을 두 줄로 배열하고 지붕이 낮음 •
재료	• 주변에서 구하기 쉬운 돌, 나무, 흙 등을 주재료로 사용함 •
기타	• 신분과 남녀, 연령 등을 구별하여 건물을 달리하거나 공간을 분리함 •

03 여러분 나라의 전통 가옥은 어떤 특징이 있습니까? 그 특징에 대해 정리해 보세요.

분류	
형태	
재료	
기타	

04 정리한 내용을 바탕으로 전통 가옥의 특징에 대해 발표해 보세요.

기능 표현

자신의 발표의 의의와 한계점 밝혀 말하기

- **본 발표**는 한국의 전통 가옥의 특징을 구체적으로 살펴볼 수 있었**다는 점에서 의미가 있었다고 생각합니다.**
- 본 발표에서 전통 가옥이 가진 구성 요소의 기능적인 측면은 **다소 미약하게 제시되었다는 한계를 지니고 있습니다.**
- 기후적 특징에 따른 전통 가옥의 형태적인 특징**에 대해서는 추후 보완할 예정입니다.**

· 미약하다
· 추후

Part 2

준비합시다

01 -(으)ㄴ/는 마당에

전세금이 오른 상황에서 가구까지 새로 구입하는 것은 납득되지 않음을 어떻게 표현할까요?

A 이왕 이사가는데 오래된 가구는 버리고 새 가구로 바꾸면 어떨까요?
B 이사 비용도 많이 드는 마당에 가구를 새로 장만하다니 말도 안 되지요.

문법

'A/V+(으)ㄴ/는 마당에'는 어떤 일이 이루어진 상황이나 처지를 나타낸다.

예 지난번 일도 아직 마무리되지 않은 마당에 새로운 일을 어떻게 시작할 수 있어요?
자신도 먹고 살기 힘든 마당에 남에게 신경 써 줄 여유를 가진 사람은 흔하지 않다.

연습

다음의 상황에 대해 '-(으)ㄴ/는 마당에'를 사용해서 말해 보세요.

	상황	수긍하기 어려운 일
보기	경제 상황이 좋지 않다	해외로 여행을 떠나는 사람이 많이 늘었다
①	살인 사건의 모든 증거가 발견됐다	범인이 잡혔지만 끝까지 발뺌하다
②	대대적으로 에너지 절약 캠페인을 벌이다	대형 백화점에서 냉방을 지나치게 하다
③	회사 형편이 좋지 않다	노사가 회사 발전을 위해 총력을 기울이지 않다
④	국가 예산이 충분하지 않다	멀쩡한 길을 다시 포장해서 세금을 낭비하다

A 요즘 해외로 여행을 떠나는 사람이 많이 늘었대요.
B 경제 상황이 좋지 않은 마당에 해외 여행자의 수가 늘었다니 문제네요.

- 대대적
- 노사
- 총력
- 포장하다

읽어 봅시다

주거 문화에 대한 잡지 기사문 읽기

01 다음은 주거 환경을 보여 주는 사진입니다. 어떤 차이점이 있는지 이야기해 보세요.

①		
②		

02 다음은 좌식 생활과 입식 생활 중 어디에 해당합니까? 어떤 생활 양식에 대한 특징인지 쓰세요.

- ▢ 실내에서 신발을 신고 생활한다. 입식
- ▢ 침대, 식탁, 의자 등의 실내 가구가 생활에 필수적이다. ______
- ▢ 공기를 데워 난방하므로 천장과 가까운 위쪽이 더 따뜻하다. ______
- ▢ 바닥을 데워 난방하므로 바닥과 가까운 아래쪽이 더 따뜻하다. ______
- ▢ 공간의 기능이 나뉘어 있지 않아 목적에 따라 다양하게 사용할 수 있다. ______

· 좌식
· 입식
· 생활 양식

읽어 봅시다

03 다음은 한국의 주거 문화에 대한 잡지 기사문입니다. 잘 읽고 물음에 답하세요. 61

문화 탐구

한국의 주거 문화

전통문화에서 찾는 조상들의 지혜

<이화저널>에서는 한국 문화를 형성해 온 주요 유 · 무형 문화유산에 대한 연재를 시작합니다. 한국의 문화유산을 되짚어 보면서 오늘의 한국 문화를 이룬 근본적 원리를 살펴보고자 합니다. 그 첫 번째 순서는 한국 주거 문화의 특징으로 손꼽히는 '온돌'입니다.

온돌은 '구운 돌'이라는 뜻으로 한국의 독특한 난방 기술이다. 아궁이에서 불을 피우면 열기를 머금은 뜨거운 연기가 방바닥에 깔린 넓적한 돌 밑을 지나 굴뚝으로 빠져나간다. 그 사이 뜨거워진 방바닥으로부터 실내 전체가 따뜻하게 되는 바닥 난방 방식이다. 그렇지만 온돌은 단순히 난방 방식이기만 한 것이 아니라 한국인의 의식주 문화를 비롯하여 예술, 놀이 방법까지 광범위하게 영향을 미쳤다.

온돌은 한국인들을 오랫동안 좌식 생활에 머물게 했다. 방의 바닥 부분이 가장 따뜻하기 때문에 몸을 최대한 밀착시켜 생활하는 것이 이상적이다. 그런데 좌식 생활을 하려면 방바닥에 몸을 직접 대도 괜찮을 만큼 바닥이 청결해야 했다. 그래서 비록 벽은 흙벽 그대로라도 방바닥은 깨끗이 쓸고 닦을 정도로 말끔하게 관리했다. 그리고 방 안에 신발을 신고 들어오는 것은 절대 금물이었다. 이러한 이유로 실내외의 구분이 엄격할 수밖에 없었다. 실내로 들어오려면 문지방을 넘어야 했는데 이 문지방은 안과 밖을 명확히 구분하는 경계였다.

이렇게 한국 사람들이 좌식 생활을 하다 보니 의자와 침대가 일찍이 발달되지 않았다. 좌식 생활을 하는 마당에 의자와 침대는 오히려 방바닥을 활용하는 데 불편을 초래할 뿐이었기 때문이다. 좌식 생활을 하는 실내는 여러 가지 복합적인 기능을 가지고 있다. 이불을 깔면 침실이 되고 밥상을 놓으면 식당이 되고 손님을 맞거나 가족들이 모여 이야기를 나누면 거실로 변하고 공부를 하면 서재로 변한다.

또한 온돌에서 비롯된 좌식 생활은 식생활과 의생활에도 영향을 미쳤다. 온돌은 대개 취사 열기를 이용하여 난방을 하기 때문에 센 불에 빨리 익혀 내는 요리보다는 열기를 이용하여 오래 끓이는 국 요리가 발달했다. 또한 취사 후 남은 열기를 이용하여 숭늉을 끓여 마시는 습관도 온돌 문화와 관련 깊다. 그리고 의복의 경우에도 바닥에 앉기에 편하게끔 품을 넉넉하게 했다. 그뿐만이 아니라 윷놀이와 가야금 모두 바닥에 앉아서 해야 제대로 즐길 수 있다.

오늘날 아파트로 대표되는 서양식 주택이 보편화되었지만 난방 방식까지 바꾸거나 실내에서 신발을 신고 다니지는 않는다. 다만 보일러를 설치하고 바닥에 깔린 파이프로 온수를 순환시켜 난방을 하는 방식으로 개량되었을 뿐이다. 여전히 한국인은 바

- 연재
- 아궁이
- 넓적하다
- 밀착
- 문지방
- 품

닥을 덥히는 구조인 온돌 문화를 간직하고 있는 것이다. 한국의 주거 문화를 '온돌방 문화'라고 한다. 한국인들은 늘 온돌 위에서 살아왔고 온돌 위에서 문화를 발전시켜 왔으므로 온돌은 한국의 주거 문화 깊숙이 스며 있다. 한국 주거 문화에 대해 알아보면 좌식 문화가 있고 더 거슬러 올라가면 거기에는 온돌이 있다는 것을 알 수 있다. 따라서 온돌을 이해한다는 것은 바로 한국의 문화를 깊이 이해하는 지름길인 셈이다.

박진우 기자(Park@ewha.ac.kr)

(1) 이 글에 대한 설명으로 적절한 것은 무엇입니까?

① 한옥에 활용된 온돌의 원리에 대해 말하고 있다.

② 한국의 주거 문화에 대한 장단점을 소개하고 있다.

③ 다른 난방법과 비교하여 온돌의 우수성을 알리고 있다.

④ 난방법에서 비롯된 문화 형성 배경에 대해 설명하고 있다.

(2) 이 글의 내용과 일치하는 것은 무엇입니까?

① 온돌로 인해 한국인은 입식 생활을 하게 되었다.

② 온돌방에서 실내는 여러 가지 복합적인 기능을 가진다.

③ 현대에 접어들어 온돌과 관련된 문화는 찾아보기 힘들다.

④ 집 내부로 들어설 때 신발을 벗는 것은 온돌과 관련이 없다.

(3) 온돌에서 비롯된 한국 문화 요소의 예를 찾아 써 보세요.

온돌에서 비롯된 문화 요인

1. 의생활

2. 주생활

3. 식생활

국, 숭늉을 끓여 먹음

4. 예술, 놀이

04 여러분의 나라에서 주로 활용되는 난방법은 무엇인지 이야기해 보세요.

Part 2

써 봅시다

주거 형태별 특징에 대한 설명문 쓰기

01 다음은 한국의 주거 형태별 특징에 대한 설명문의 일부입니다. 이 글은 어떤 형식으로 구성되어 있는지 이야기해 보세요.

구성	내용	글
제목		한국의 주거 형태
들어가는 말	① 주거의 정의 기술하기	① 주거란 인간이 그 속에서 생활하며 고유한 문화와 역사를 만들어내는 물리적인 공간으로 주거 환경과 인간의 삶의 방식은 긴밀하게 얽혀 있다. 따라서 한 나라의 정치나 경제, 사회적인 상황들이 주거 환경에 고스란히 반영되어 있다고 볼 수 있다.
본문	② 주거 형태 분류하기	② 한국의 주거 형태는 크게 공동 주택과 단독 주택으로 나눌 수 있는데 공동 주택은 다시 아파트, 주상복합, 빌라, 오피스텔, 원룸 등으로 나뉜다.
	③ 주거 형태의 특징 기술하기 1	③ 공동 주택에서 가장 많이 선호되는 아파트의 경우 1960년대에 처음 등장하여 현재는 전체 주거 형태의 50%를 넘어섰다. 아파트를 선호하는 이유는 수도, 가스, 난방과 같은 기본적인 서비스 공급 체계가 잘 갖추어져 있어 생활 환경이 편리하기 때문이다. 다만 층간 소음, 공동생활로 인한 불편함이 생길 수도 있다. 아파트와 유사한 형태의 공동 주택으로 연립 주택, 다세대 주택 등이 있다.
	④ 주거 형태의 특징 기술하기 2	④ 공동 주택과 달리 단독 주택은 개인 소유 토지에 단독으로 지어진 개인주택이다. 일반적으로 마당을 통과해 출입해 거실로 들어가지만 현대에 들어와서는 밀도를 최대한으로 높이기 위해 외부 공간을 거의 없애고 건물로 채우기도 한다. 또한 최근에는 공동 주택과 단독 주택의 성격을 모두 갖춘 맞춤형 주택이 등장해서 눈길을 끌고 있다.
맺는말	⑤ 정리하며 마무리하기	⑤ 한국의 주거 형태는 사회적인 요구와 거주자들의 요구, 그리고 시대적인 요구에 의해 여러 단계를 거쳐 진화해 왔으며 앞으로도 다양한 방향으로 발전해 나갈 것으로 전망된다.

- 긴밀하다
- 밀도

02 여러분 나라의 주거 형태를 분류하고 그 특징을 정리해 보세요.

주거 형태	
특징	

03 주거 형태별 특징에 대한 설명문의 개요를 작성해 보세요. 그리고 정리한 내용을 바탕으로 설명문을 써 보세요.

제목: ____________________

들어가는 말	
본문	(1)
	(2)
	(3)
맺는말	

04 친구들이 쓴 설명문에서 주거 형태별 특징을 가장 잘 드러내는 글을 선택해 보세요.

Part 3 **과제 활동**

건축물을 소개하는 해설집 만들기

01 다음은 유명 건축물을 소개하는 해설집의 일부입니다. 다음을 읽고 물음에 답해 보세요.

자연의 품에 안긴 서원, 서원을 품고 있는 자연 '병산서원'

병산서원은 1572년 서애 류성용이 교육기관인 풍악서원을 병산으로 옮겨 지은 것이다. 1868년 정치적인 이유로 모든 서원을 없애는 정책에도 불구하고 그대로 남아 있는 조선 시대 5대 서원 중 하나이다. 이 병산서원은 한국에서 가장 아름다운 서원 건축물로 손꼽힌다. 그것은 건축 그 자체로도 최고이지만 자연환경과 어울림에서도 최고이기 때문이다.

만대루

병산서원의 건축적인 가치는 만대루에 있다. 만대루는 200명을 수용하고도 남는 규모이다. 더욱 특이한 점은 만대루에 사용된 나무인데 다듬지 않고 있는 그대로를 사용했다. 이는 인위적으로 가공하지 않은 재료의 자연스러움을 추구하는 건축가의 정신이 그대로 묻어 있다 .

병산서원의 마당

입구에서 병산서원을 보면 여느 서원 건축과 큰 차이를 못 느끼는 평범한 서원으로 보인다. 그러나 안에서 밖을 보면 다르다. 서원 대청마루에서 내려다보면 만대루가 병산을 배경으로 자리하고 있다. 병산서원은 이처럼 사용자 입장에서 건물에 앉아 경치를 바라볼 때 제멋을 느낄 수 있다.

(1) 건축물에 대해서 평가한 부분을 찾아보세요.

(2) 많은 서원 건축물 중에서 병산서원을 선정한 이유는 무엇입니까? 병산서원을 제대로 감상하는 방법은 무엇입니까?

- 서원
- 수용하다
- 다듬다
- 가공하다

02 건축물을 소개하는 해설집을 만들려고 합니다. 다음을 읽고 정해 보세요.

(1) 해설집에 넣을 건축물을 선정해 보세요. 그리고 선정한 이유도 이야기해 보세요.

(2) 선정한 건축물을 소개하기 위해 필요한 정보는 무엇인지 이야기해 보세요.

☐ 건축가	☐ 국가 및 위치	☐ 역사적 배경
☐ 외형상의 특징	☐ 건축물에 얽힌 이야기	☐ 기타: ________

03 여러분이 선정한 건축물에 대해서 정리해 보세요.

건축물의 명칭	
건축가	
국가 및 위치	
역사적 배경	
외형상의 특징	
기타	

04 정리된 내용을 바탕으로 건축물을 소개하는 해설집을 만들어 보세요.

05 친구들이 만든 해설집에서 수정하거나 보완할 점은 무엇인지 서로 이야기해 보세요.

· 외형

어휘 확장

잠 관련 표현

62

01 다음은 잠과 관련이 있는 표현입니다. 그 의미를 추측해 보세요.

잠

- 눈을 붙이다
- 졸음이 쏟아지다
- 뜬눈으로 밤을 지새우다
- 잠이 달아나다
- 새우잠을 자다

02 다음 대화를 완성해 보세요.

(1) A: 요즘 왜 이렇게 피곤해 보여요?

B: 요즘 출판 작업 때문에 며칠 동안 ________________ 눈도 따갑고 머리까지 아프네요.

(2) A: 휴가 때 캠핑을 갔다면서요? 잘 쉬고 오셨어요?

B: 말도 마세요. 7명이 같이 갔었는데 친구가 5인용 텐트를 가져오는 바람에 좁은 텐트 안에서 모두가 ________________.

(3) A: 여보, 장시간 운전하니 졸음이 쏟아지는데 혹시 마실 거라도 있어요?

B: 그러면 무리하게 운전하지 마시고 다음 휴게소에 들러서 잠깐이라도 ________________ 가요.

03 여러분은 졸음이 쏟아질 때 졸음을 쫓기 위한 특별한 방법이 있습니까? 그 방법에 대해 이야기해 보세요.

· 휴게소

사자성어

가가호호 사면초가 사상누각

63

01 다음 문장을 보고 사자성어의 의미를 추측해 보세요.

(1) 아파트 단지의 부녀회장은 직접 **가가호호** 찾아다니며 투표 참여를 권유했다.

(2) 지지율 하락으로 **사면초가**에 몰린 당 대표는 어쩔 수 없이 사임해야 했다.

(3) 아무리 좋은 정책이라도 국민의 지지를 받지 못하면 그 정책은 **사상누각**이 된다.

02 다음 사자성어의 의미를 찾아 연결해 보세요.

(1)	가가호호	•	•	집집마다
(2)	사면초가	•	•	기초가 튼튼하지 못해 오래 견디지 못할 일이나 물건
(3)	사상누각	•	•	아무에게도 도움을 받지 못하는 외롭고 곤란한 형편

03 사자성어를 사용해서 대화를 완성해 보세요.

(1) A: 다자녀 가구에 보육비를 10년간 무상으로 지원한다는 정책이 참 솔깃하던데 정말 실현이 가능할까요?

B: 글쎄요. 예산을 어떻게 확보하느냐가 관건이지요. 예산 확보를 위한 구체적인 방안을 내놓지 못한다면 ____________에 불과하다고 봐요.

(2) A: 시장님, 이번에 지역 소외 계층을 돕기 위한 행사를 준비하신다고요?

B: 네. 올 겨울에는 어르신들만 홀로 사시는 댁에 ____________ 방문하여 김장 김치를 전달하는 행사를 가질 예정입니다.

(3) A: 세계 경제 위기가 계속되면서 많은 제조업체들의 고민이 이만저만이 아니래요.

B: 최근에는 원자재 값마저 급등했으니 그야말로 ____________에 몰린 상황이군요.

04 여러분은 어찌할 도리가 없는 사면초가에 처한 경험이 있습니까? 어떤 상황이었는지 이야기해 보세요.

· 부녀회
· 지지
· 솔깃하다
· 원자재

제10과

창작과 예술

제10과 창작과 예술

Part 1

준비합시다	1 –건 –건　　2 –ㄴ/는다손 치더라도
들어 봅시다	문화 콘텐츠에 대한 대담 듣기
말해 봅시다	문화 콘텐츠의 성공 조건에 대해 토론하기

Part 2

준비합시다	1 –(으)ㄴ/는/(으)ㄹ 바
읽어 봅시다	소설『아홉 살 인생』읽기
써 봅시다	원작과 영화를 비교해서 비평문 쓰기

Part 3

과제 활동	소설을 연극 대본으로 각색하기
어휘 확장	느낌 관련 표현
사자성어	대서특필　유언비어　일맥상통

준비합시다

01 -건 -건

64

책 대여점에서 책을 빌릴 때 책의 종류에 상관없이 대여료가 같음을 어떻게 표현할까요?

A 이 잡지의 대여료는 얼마예요? 다른 책보다 비싸요?

B 아니요. 잡지를 빌리건 소설을 빌리건 대여료는 모두 500원씩이에요.

문법

'A/V+건 A/V+건'은 둘 이상의 대립되는 상황 중 어떤것을 선택해도 뒤 내용에 영향을 미치지 않음을 나타낸다. 뒤에 '간에', '상관없이'를 사용해 뜻을 더 분명하게 하기도 한다.

예 자신에게 주어진 일은 좋건 싫건 간에 책임지고 해야 한다.
새로 가입한 보험은 화재가 났건 교통사고가 났건 모든 사고를 보장해 준대요.

Tip '누구', '언제', '무엇', '어디', '어떻게' 등과 함께 사용해서 어떠한 선택을 해도 상관없음을 나타낸다.
예 어떤 음식을 먹건 영양 성분과 열량을 따져서 먹어야 한다.

연습

신입 사원이 회사에 대해 오해한 사실에 대해 '-건 -건'을 사용해서 말해 보세요.

	오해한 사실	상관없는 일
보기	여름에만 휴가를 갈 수 있다	봄 (여름) 가을 (겨울)
①	출장 갈 때는 고속버스만 타야 한다	기차 비행기 고속버스
②	구내식당에서만 식사해야 한다	구내식당 근처 식당 편의점
③	본사에서 일해야 연봉이 가장 높다	본사 국내 지점 해외 지점
④	영업부 직원만 해외 연수를 신청할 수 있다	영업부 직원 총무부 직원 홍보부 직원

· 대여료
· 보장하다
· 구내식당

A 과장님, 저희 부서에서는 여름에만 휴가를 갈 수 있다고 들었는데 사실인가요?

B 아니요. 여름에 가건 겨울에 가건 아무 상관없습니다. 가고 싶을 때 가시면 됩니다.

02 -ㄴ/는다손 치더라도

65

일찍 도서관에 가도 자리가 없을 수 있음을 어떻게 표현할까요?

A 아까 도서관에 갔더니 자리가 없었어. 내일 아침에 일찍 가면 자리가 있겠지?

B 글쎄, 시험 기간이라서 일찍 간다손 치더라도 자리를 찾기는 쉽지 않을 것 같아.

문법

'V+ㄴ/는다손 치더라도', 'A+다손 치더라도'는 어떤 일이 있다고 가정해도 그것이 다른 일에 영향을 미치지 못하거나 관계가 없음을 나타낸다. 명사 뒤에서는 'N+(이)라손 치더라도'의 형태로 쓰인다.

예 기차가 빠르다손 치더라도 비행기보다 빠르지는 않아요.
돈을 아무리 많이 벌었다손 치더라도 저금을 하지 않으면 금방 없어져 버린다.

연습

어떤 일에도 상황이 변하지 않음을 '-다손 치더라도'를 사용해서 말해 보세요.

	행동	변하지 않는 상황
보기	새 제품처럼 될 수 있다고 해서 고장이 난 냉장고를 수리 업체에 맡기다	오래 사용한 만큼 새것처럼 되기는 힘들다
①	늦었지만 지금이라도 입사 원서를 빠른 우편으로 보내다	원서 마감 시간 전까지 도착하기 어렵다
②	시험공부를 하기 위해서 전공 서적을 많이 빌렸다	단시간에 다 읽고 이해하기란 쉽지 않다
③	절판된 책을 구하기 위해 헌책방을 모두 찾아다니다	더 이상 출판되지 않는 책을 구하기는 쉽지 않다

A 고장이 난 냉장고를 수리 업체에 맡길까 해요. 그러면 새 제품처럼 된다잖아요.

B 오래 사용한 만큼 아무리 수리한다손 치더라도 새것처럼 되기는 힘들 것 같네요.

· 마감
· 서적
· 단시간
· 헌책방
· 절판되다

들어 봅시다

문화 콘텐츠에 대한 대담 듣기

01 여러분이 관심을 갖고 있는 문화 콘텐츠에 ✔표 하고 그 이유에 대해 이야기해 보세요

▢ 공연

비밥

▢ 애니메이션

뽀롱뽀롱 뽀로로

▢ 게임

리니지

▢ 음악

K-POP

02 다음은 문화 콘텐츠 수출 현황을 보여 주는 도표입니다. 다음을 보고 물음에 답해 보세요.

(가) 문화 콘텐츠 수출액 현황(억 달러)

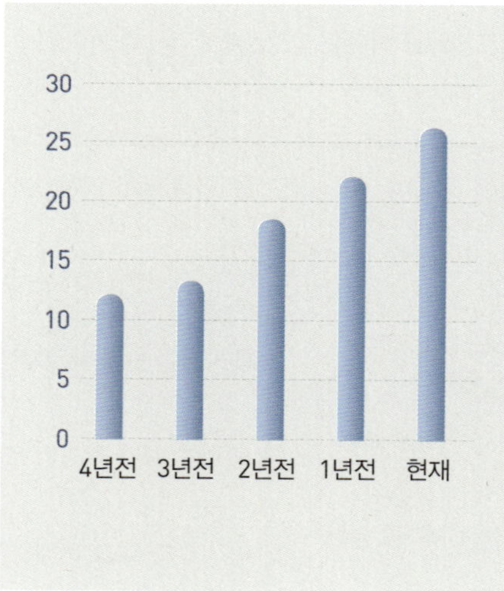

(나) 문화 콘텐츠 수출 종류(%)

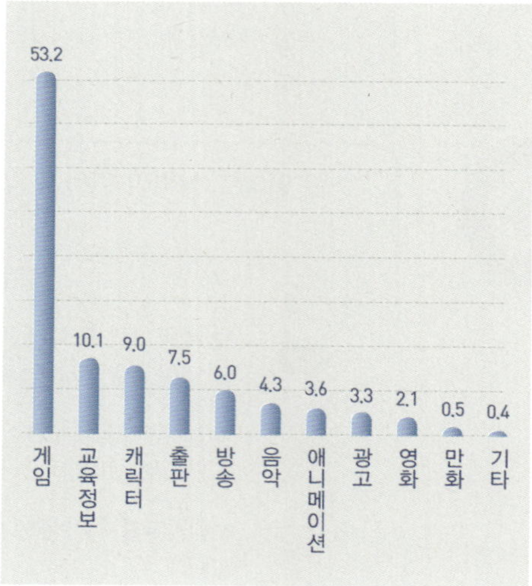

(1) 문화 콘텐츠 수출액이 어떻게 변화하고 있는지 이야기해 보세요.

(2) 문화 콘텐츠 중 가장 많이 수출되고 있는 것은 무엇인지, 그 이유는 무엇인지 이야기해 보세요.

· 문화 콘텐츠

03 다음은 문화 콘텐츠에 대한 대담입니다. 잘 듣고 물음에 답하세요. 66

(1) 대담에서 다루고 있지 않은 내용은 무엇입니까?

① 문화 콘텐츠의 정의

② 문화 콘텐츠의 수출 정책

③ 문화 콘텐츠의 인기 이유

④ 문화 콘텐츠의 성공 조건

(2) 들은 내용과 같은 것은 무엇입니까?

① 예술성이 있는 작품이 문화 콘텐츠로 성공한다.

② 지난 5년 간 문화 상품 수출이 두 배 줄어들었다.

③ 문화 콘텐츠의 현실성이 수출을 증대시키고 있다.

④ 디지털 기기를 이용한 게임이 가장 많이 수출되고 있다.

(3) 공연 〈비밥〉이 인기를 끌게 된 이유는 무엇인지 쓰세요.

(4) 여자의 생각으로 알맞은 것은 무엇입니까?

① 문화 콘텐츠가 인기를 얻으려면 수출을 많이 시켜야 한다.

② 정해진 매체를 이용해야 문화 콘텐츠의 성공 가능성이 커진다.

③ 상상력을 기반으로 하되 감동을 줄 수 있어야 문화 콘텐츠가 성공한다.

④ 수출이 많이 되는 상품을 활성화시켜야 문화 콘텐츠의 미래가 밝아진다.

04 여러분 나라에서 인기가 있는 문화 콘텐츠는 무엇입니까? 인기가 있는 이유에 대해 이야기해 보세요.

· 현실성

Part 1

말해 봅시다

문화 콘텐츠의 성공 조건에 대해 토론하기

01 다음은 세계적으로 사랑받고 있는 문화 콘텐츠입니다. 성공 이유에 대해 이야기해 보세요.

02 두 사람은 문화 콘텐츠의 성공 조건에 대해서 토론하고 있습니다. 두 사람의 주장과 그 근거를 찾아 정리해 보세요.

논제: 문화 콘텐츠가 세계적으로 인기를 끌려면 자기 나라의 문화적인 요소를 강조해야 한다.

수진: 문화 콘텐츠가 성공하기 위해서는 문화적인 색채가 지나치게 강조돼서는 안 된다고 봅니다. 월트 디즈니의 미키마우스의 경우 자기 나라의 문화적인 색채가 거의 보이지 않아요. 자기 나라의 문화적인 부분이 들어 있다손 치더라도 그걸 강조하지 않잖아요. 문화적인 색채의 필요성을 주장하시는데 미키마우스와 같은 경우는 어떻게 설명하실 건가요?

마이클: 좋은 지적입니다. 문화적인 색채를 지움으로써 문화 콘텐츠가 세계인들에게 사랑을 받는 경우도 있습니다. 그렇지만 그 나라 역사나 문화적 배경이 들어 있다면 더 깊이 있는 문화 콘텐츠가 만들어질 수 있지 않을까요? 한국 드라마 〈대장금〉이 사랑을 받았던 이유 중의 하나는 드라마 곳곳에 숨어 있는 한국적인 분위기나 배경도 한몫했다고 생각합니다.

	주장	근거
수진		
마이클		

· 한몫하다
· 금전적

03 여러분은 문화 콘텐츠가 성공하기 위해 자기 나라의 문화적인 요소를 강조해야 한다고 생각합니까? 자신의 주장과 근거를 정리해 보세요.

주장	
근거	• • • •

04 정리한 내용을 바탕으로 문화 콘텐츠의 성공 조건에 대해 토론해 보세요.

기능 표현

상대방의 의견을 일부 인정하며 반론 제기하기

- **A**: 문화 콘텐츠 성공에만 집착하면 문화는 사라지고 상업성만 남을 수도 있다고 봅니다.
  B: **좋은 지적입니다. 그렇지만** 좋은 문화 콘텐츠이기 때문에 사람들이 찾게 되어서 상업적으로 성공하게 되는 경우도 많습니다.
- **A**: 저는 예술을 이해하기 위해서는 학교 밖에서도 예술 작품을 감상해야 한다고 생각합니다.
  B: **말씀 잘하셨습니다.** 예술 작품을 많이 접하는 것은 중요하지요. **그런데** 그러기 위해서 사용하는 시간이나 금전적인 지출은 어떻게 하실 건지요?

Part 2

준비합시다

01 -(으)ㄴ/는/(으)ㄹ 바

67

친구의 질문에 대해 자신이 들은 정보를 이용하여 대답할 때 어떻게 표현할까요?

A 배우 김민수 씨가 이번에 작가로 등단했다면서요?

B 네. 제가 들은 바에 의하면 이번 주에 출판 기념회도 한다고 해요.

문법

'V+(으)ㄴ/는/(으)ㄹ 바'는 앞에서 말한 내용 그 자체나 일 등을 나타낸다. '바'는 방법, 일 등의 의미를 나타내며 '-(으)ㄴ 바 있다'는 어떤 일을 한 경험이 있다는 의미로 사용된다.

예 그는 자기가 생각하는 바를 논리적으로 말하는 편이에요.
정부가 발표한 바에 따르면 이번 영화제는 가을에 개최된다고 한다.

연습

다음 내용을 연결하고 '-(으)ㄴ/는/(으)ㄹ 바'를 사용해서 문장을 완성해 보세요.

	상황	결과
보기	통계청이 한국인의 평균 키를 조사하다	사건은 그날 새벽 2시쯤 발생하다
①	뉴스에서 사교육비에 대해 보도하다	남자는 174cm, 여자는 160.5cm로 나타나다
②	목격자가 경찰 조사에서 진술하다	연예인이 되고 싶다는 응답이 1위를 차지하다
③	학교 측에서 학생의 날 행사 계획을 밝히다	영화 상영과 단체 게임, 동아리 공연 등이 있다
④	한 연구 기관에서 청소년의 장래 희망에 대한 설문 조사를 분석하다	소득에 따라 교육비 지출 차이가 크다

통계청이 조사한 바에 따르면 한국인의 평균 키는 남자 174cm, 여자 160.5cm로 나타났다.

- 등단하다
- 출판기념회
- 영화제
- 통계청
- 진술하다

읽어 봅시다

소설『아홉 살 인생』 읽기

01 여러분은 문학 작품을 선택할 때 어떤 점을 고려합니까? 다음에서 골라 ✔표 하고 이야기해 보세요.

□ 제목 □ 저자(지은이) □ 줄거리 □ 출판사
□ 광고 □ 지인의 추천 □ 표지 디자인 □ 서평
□ 기타: ________________

02 다음은 위기철의 소설『아홉 살 인생』에 대한 짧은 서평입니다. 질문을 읽고 이야기해 보세요.

『아홉 살 인생』 위기철 저

아이디: 밝은 세상

내용: ★★★★★ 편집/디자인 ★★★★★

아이들에게도 인생은 있다. 나이가 어리다손 치더라도 인생 속에 느낌, 생각, 희망, 반성, 깨달음 등이 없지는 않다. 나는『아홉 살 인생』을 읽으면서 주인공 백여민의 진지한 고민과 생각에 공감했다. 쓸데없는 생각을 하는 나이는 없다. 언제이건 간에 고민을 하는 시간이 인간을 성숙하게 만들어 주기 때문이다.

아이디: 책사랑

내용: ★★★★★ 편집/디자인 ★★★☆☆

이 책은 작가가 살아오면서 느끼고 배웠던 인생 이야기를 아홉 살짜리 소년을 통해 그리고 있다. 소설에서는 산동네에서의 생활, 주변의 친구들, 그리고 어른들의 모습들을 통해 배운 투명한 삶의 이야기가 따뜻하게 이어진다. 인생이 아홉 살에서 끝나는 것이 아니고 열 살에도, 그 이후에도 계속된다는 여운을 남겨 주는 작품이다.

· 반성
· 깨달음
· 공감하다
· 산동네
· 여운

(1) 위 서평에는 어떤 내용이 들어 있는지 이야기해 보세요.

(2) 독자들은 소설『아홉 살 인생』에 대해 어떻게 평가하는지 이야기해 보세요.

Part 2

읽어 봅시다

03 소설『아홉 살 인생』의 한 부분입니다. 잘 읽고 물음에 답하세요. 68

(전략)

점심시간이 되자 나는 재빨리 토끼장으로 달려가 우림이를 기다렸다. 나는 우림이가 반드시 나타나리라 확신하고 있었다. 왜냐하면 그 아이는 오랫동안 결석을 함으로써 나를 충분히 괴롭혔다고 믿고, 또 내가 얼마나 고통을 받았는지 확인하고 싶어할 것이라 생각했기 때문이었다. 나의 예측이 맞아떨어졌는지 어쨌지는 모르겠지만, 어쨌든 얼마 기다리지 않아 우림이가 나타났다. 나는 내가 전혀 고통을 받지 않았다는 걸 보여주리라 마음을 굳게 다졌다.

그런데 우림이의 태도가 뜻밖에도 부드럽고 여렸다. 그 아이는 수줍은 듯 머뭇머뭇 다가오더니 먼저 말을 건넸다.

"나 그동안 무척 아팠어. 병원에 가서 수술까지 받았어. 맹장염이래."

그래? 하고 무정하게 말하려 했지만, 차마 그렇게 할 수가 없었다.

"난 정말 죽는 줄 알았어. 넌 한 번도 그런 수술 받아 본 적 없지? 의사 선생님이 내 배를 한 뼘도 더 되게 칼로 잘랐어. 여기 자국도 있어. 아마 이 자국은 평생 없어지지 않을 거야."

우림이는 그 자국 때문에 몹시 슬프다는 듯이 포오 한숨을 내쉬었다.

"아아, 그동안 토끼들이 많이 자랐구나. 병원에 누워 있는 동안은 정말 쓸쓸했어. 내가 죽어 버려도 눈물을 흘릴 친구 한 명 없다고 생각하니 무척 슬프더구나. 만일 내가 죽으면 너는 도리어 박수를 칠 테지?"

우림이는 토끼들을 바라보며 쓸쓸하게 웃었다. 그 쓸쓸한 웃음은 모처럼 모질게 다져 먹은 나의 마음을 낱낱이 풀어 헤쳐 버렸다. "만일 내가 죽으면"이란 가정 또한 얼마나 슬프게 들렸던가!

(중략)

"그동안 …… 얼마나 걱정했는지 몰라. ……네가 죽었을까 봐 말야."

"나도 죽는 줄 알았어."

"이젠 안 아파?"

"응. 괜찮아. 배에 남은 수술 자국만 빼 놓고는 ……."

"수술 자국이 아파?"

"아프진 않지만……."

우림이는 수줍게 웃었다.

"보기에 무척 흉측해. 하지만 만일 네가 내 수술 자국을 정말루 보고 싶어한다면, 난 보여줄 수도 있어. 왜냐하면 나는 너한테 내 흉한 모습을 속이고 싶지 않기 때문이야. 그게 너무 흉측해서 갑자기 내가 싫어진다 해두, 그건 어쩔 수 없는 일이지……."

우림이는 도리도리 고개를 저으며 절망스럽게 한숨을 쉬었다.

- 맞아떨어지다
- 여리다
- 수줍다
- 머뭇머뭇
- 맹장염
- 뼘
- 도리어
- 모질다
- 낱낱이
- 풀어 헤치다
- 흉측하다
- 자국
- 흉하다
- 도리도리

나는 이 아이가 어째서 절망하는지 이해할 수가 없었다.

"수술 자국 따위가 무슨 상관이야?"

"무슨 상관이냐구? 그건 내가 부끄러워하는 상처이기 때문에 상관이 있는 거야. 맹장은 누구나 가지고 있어. 나만 빼놓고……. 나는 수술 자국을 볼 때마다 그걸 몹시 부끄러워하게 될 테지."

"하지만 맹장 따위가 뭐가 그리 중요한 거야?"

"물론 맹장 따위는 아무짝에도 쓸모없어. 하지만 중요한 건, 다른 사람들은 누구나 가지고 있는 걸 내가 못 가졌다는 사실이야. 난 그걸 참을 수 없어. 이해할 수 있겠니?"

물론 이해할 수 없었다. 아홉 살은 사람들의 부질없는 허영심까지 이해할 수 있는 나이가 아니므로. 그러나 허영심을 이해할 수 있는 나이가 되자, 나는 알게 되었다. 누구나 가지고 있다는 이유만으로, 맹장처럼 아무짝에도 쓸모없는 것조차 기필코 차지하려 드는 멍텅구리들이 세상에 뜻밖에도 많다는 사실을. 우림이는 그렇게 허영심이 많은 아이였다.

(후략)

(1) '나'와 우림이가 이야기하고 있는 공간적 배경은 어디입니까?

(2) 읽은 내용과 같은 것은 무엇입니까?

① '나'는 우림이의 병문안을 간 적이 있다.

② '나'는 우림이를 만나면 괴롭히겠다고 결심했다.

③ 우림이는 맹장 수술을 해야 어른이 될 수 있다고 믿는다.

④ 우림이는 병원에 입원해 있는 동안 죽음을 생각한 적이 있다.

(3) '나'는 우림이와 '수술 자국'에 대해 이야기하면서 무엇을 깨달았습니까?

① 인간이 가진 부질없는 허영심

② 진정한 친구가 되기 위한 조건

③ 회복할 수 없는 신체의 안타까움

④ 타인에게 감추어야 할 신체의 상처

- 맹장
- 부질없다
- 허영심
- 아무짝에도
- 기필코
- 멍텅구리

04 여러분이 감동적으로 읽은 문학 작품은 무엇인지, 그 작품이 왜 감동적이었는지 이야기해 보세요.

원작과 영화를 비교해서 비평문 쓰기

01 다음은 비평문의 일부입니다. 이 글은 어떤 형식으로 구성되어 있는지 이야기해 보세요.

구성	내용	비평문
제목		『아홉 살 인생』이 보여 주는 인생: 소설 『아홉 살 인생』과 영화 〈아홉 살 인생〉을 비교하며
들어가는 말	① 원작 소설과 영화로 만든 작품에 대한 전반적인 소개 및 평가 기준 제시하기	① 소설 『아홉 살 인생』이 출판된 지 꽤 오랜 시간이 지나 〈아홉 살 인생〉이라는 영화로 다시 탄생했다. 소설이 인기를 끌었던 것처럼 영화도 많은 사람에게 사랑을 받았다. 그렇지만 과연 이 두 작품이 똑같다고 할 수 있을까? 이 두 작품을 주제와 표현 방식의 측면을 비교하면서 비평해 보고자 한다.
본문	② 원작과 영화의 공통점 밝히고 분석하기	② 소설과 영화 아홉 살 인생에서의 등장인물은 대체로 가난하다. 가난한 달동네 삶을 아홉 살 백여민의 눈을 통해 그려내고 있다는 점에서 소설과 영화는 같은 상황을 공유하고 있다고 볼 수 있다.
	③ 원작과 영화의 주제에 대한 차이점 밝히고 분석하기	③ 그러나 같은 주제를 다루고 있지만 좀 더 깊이 살펴보면 주제에 대한 접근 방법이 조금 다르다. 소설에서는 현실에서 좌절할 수밖에 없는 나약한 사람들을 통해 삶이 얼마나 무거운지를 보여 주지만 영화에서는 가난해도 사랑과 우정이 있으며 그 속에서 아이들은 순수성을 잃지 않는다는 점을 강조한다.
	④ 원작과 영화의 표현 방식에 대한 차이점 밝히고 분석하기	④ 소설 『아홉 살 인생』과 영화 '아홉 살 인생'은 배경이 다르다. 소설은 서울 변두리 지역을 배경으로 하지만 영화는 부산을 배경으로 삼고 있다. 부산이 배경인 만큼 부산 사투리를 통해 서울이 아닌 지역의 다양한 문화적인 면과 그 지역만의 특성을 느끼게 함으로써 영화를 보는 재미를 더해 준다.
맺는말	⑤ 원작과 영화의 의의 및 한계 등을 정리하고 평가하기	⑤ 같은 내용이어도 다른 시각에서 작품을 만들 수 있기 때문에 원작을 영화로 만들려는 시도가 계속되고 있다. 원작에서는 잘 드러나지 않는 배경이나 장면의 느낌이 영화에서는 영상을 통해 잘 묘사될 수 있다는 점은 영화가 원작을 뛰어넘을 수 있는 부분이라고 생각된다. 그렇지만 원작이 전달하고자 하는 삶의 무거움이 영화에서는 잘 드러나 있지 않다는 점에서 아쉬움이 남는다.

- 측면
- 달동네
- 공유하다
- 좌절하다
- 나약하다
- 차별화되다
- 뛰어넘다

02 원작을 영화화한 작품을 선택해서 비평문을 쓰기 위한 정보를 정리해 보세요.

	원작	영화
기본 정보 (제목, 저자, 출판사, 출판년도 등)		
전체적인 내용 및 구성		
분석(공통점/차이점)		
평가(의의 및 한계)		

03 원작과 영화를 비교하는 비평문의 개요를 작성해 보세요. 그리고 정리한 내용을 바탕으로 비평문을 써 보세요.

제목: ______________________

들어가는 말	
본문	(1)
	(2)
	(3)
맺는말	

04 친구들이 쓴 비평문에는 어떤 내용이 들어 있습니까? 그리고 원작과 영화에 대해 구체적으로 어떻게 평가하고 있는지 이야기해 보세요.

과제 활동

소설을 연극 대본으로 각색하기

01 다음은 소설『아홉 살 인생』과 소설을 각색한 연극 대본입니다. 다음을 읽고 물음에 답해 보세요.

(가) 소설		(나) 연극 대본
(전략) 점심시간이 되자 나는 재빨리 토끼장으로 달려가 우림이를 기다렸다. 나는 우림이가 반드시 나타나리라 확신하고 있었다. 왜냐하면 그 아이는 오랫동안 결석을 함으로써 나를 충분히 괴롭혔다고 믿고, 또 내가 얼마나 고통을 받았는지 확인하고 싶어할 것이라 생각했기 때문이었다. 나의 예측이 맞아떨어졌는지 어쩐지는 모르겠지만, 어쨌든 얼마 기다리지 않아 우림이가 나타났다. 나는 내가 전혀 고통을 받지 않았다는 걸 보여주리라 마음을 굳게 다졌다. 그런데 우림이의 태도가 뜻밖에도 부드럽고 여렸다. 그 아이는 수줍은 듯 머뭇머뭇 다가오더니 먼저 말을 건넸다. "나 그동안 무척 아팠어. 병원에 가서 수술까지 받았어. 맹장염이래." 그래? 하고 무정하게 말하려 했지만, 차마 그렇게 할 수가 없었다. (후략)	→	(앞부분 줄거리) 가난하지만 효심이 있고 친구들에게 의리가 있는 백여민은 같은 반에 있는 예쁜 여학생 장우림이 계속 신경 쓰인다. 장우림과 다툰 후 장우림이 며칠 동안 학교에 나오지 않다가 학교에 나왔다. # 2막: 토끼장 옆. 따뜻한 햇살이 나무를 부드럽게 비추고 있고 토끼들이 토끼풀을 먹고 있다. 백여민: (운동화로 땅바닥을 비비며) (독백) 우림이가 올 시간이 됐는데 왜 안 올까? 만약 걔가 오면 어떻게 대하지? 당당하게 행동하는 게 낫겠지? 그래, 당당하게 행동하자. 장우림: (학교 쪽 언덕에서 힘없이 터벅터벅 걸어온다. 백여민을 쳐다보며 힘없이 말을 건넨다.) 잘 지냈니? 너는 건강해 보인다. 토끼는 잘 크고 있어? 백여민: (긴장해서 침을 꼴깍 삼키며 토끼만 본다. 잠시 후 태연한 척하면서 우림을 돌아본다.) 그동안 학교는 왜 안 왔니?

(1) (가)와 (나)에서 인물의 행동과 표정을 표현하는 방법이 어떻게 다른지 이야기해 보세요.

(2) (가)에는 있지만 (나)에는 없는 내용은 무엇입니까? 이런 차이가 나타난 이유에 대해 이야기해 보세요.

· 효심
· 의리
· 햇살
· 토끼풀
· 비비다
· 독백
· 당당하다
· 터벅터벅
· 꼴깍
· 태연하다

02 소설『아홉 살 인생』을 각색하려고 합니다. 다음을 읽고 메모해 보세요.

(1) 190쪽과 191쪽의 '읽어 봅시다'에 제시된 장면의 줄거리를 요약해 보세요.

(2) 각색할 부분을 정하고 대사로 선택할 부분과 지문으로 선택할 부분을 나눠 보세요.

대사	
지문	

03 원작을 각색한 연극 대본을 작성해 보세요. 그리고 친구들이 만든 대본에 대해 평점을 매겨 보세요.

제목	

대본의 해설은 적절한가?	☆☆☆☆☆
지문은 상황을 잘 설명하고 있는가?	☆☆☆☆☆
대사는 인물의 심리를 잘 반영하는가?	☆☆☆☆☆

04 연극의 느낌이 잘 살아날 수 있도록 대본에 따라 연극해 보세요.

Part 3

어휘 확장

느낌 관련 표현

69

01 다음은 느낌과 관련이 있는 표현입니다. 그 의미를 추측해 보세요.

느낌

- 가슴이 미어지다
- 코끝이 찡하다
- 감명을 받다
- 전율을 느끼다
- 심금을 울리다

02 다음 대화를 완성해 보세요.

(1) A: 인권 운동가인 전희원 씨의 연설장에 가셨다면서요? 연설은 어땠어요?
B: 인권의 중요성을 강조하던 그 연설에 정말 깊은 ______________________ ____________.

(2) A: 오늘 국악 공연은 정말 좋았지요? 가야금의 소리가 그렇게 아름다운지 정말 몰랐어요.
B: 맞아요. 가야금의 ____________________________ 맑고 깨끗한 음색이 오래도록 기억에 남을 것 같아요.

(3) A: 그 영화 마지막 장면이 정말 슬프지 않았어요? 저는 계속 눈물이 흐르더라고요.
B: 저도 그랬어요. 주인공이 헤어진 가족을 만났을 때 저도 모르게 ___________ ______________.

03 여러분이 감명을 받은 예술 작품에는 어떤 것이 있습니까? 어떤 작품이었는지 이야기해 보세요.

· 가야금
· 음색

사자성어

대서특필 유언비어 일맥상통

70

01 다음 문장을 보고 사자성어의 의미를 추측해 보세요.

(1) 이번 화재 사건을 언론에서는 매일 **대서특필**하고 있다.

(2) 인터넷에 근거 없이 확산된 **유언비어**로 인해 피해를 입는 사람들이 많아졌다.

(3) 환경을 보호한다는 것은 후손에게 깨끗한 미래를 물려주겠다는 것과 **일맥상통**한다.

02 다음 사자성어의 의미를 찾아 연결해 보세요.

(1)	대서특필	•	•	어느 면에서 한 가지로 서로 통함
(2)	유언비어	•	•	누구나 알도록 크게 여론화시킴
(3)	일맥상통	•	•	아무런 근거 없이 널리 퍼진 소문

03 사자성어를 사용해서 대화를 완성해 보세요.

(1) A: 이번에 전주에서 열리는 영화제가 취소될 거라는 소식 들었어요?

B: 그거 ____________________예요. 영화제가 취소되는 것이 아니라 영화제에 방문하기로 한 영화배우가 일정 때문에 참석을 취소한다는 소식이 와전된 거예요.

(2) A: 박청기 감독이 이번에 교육에 대한 수필집을 출판했던데 읽어보셨어요?

B: 읽어 봤는데 이번 수필집에도 지난번 영화와 ____________________하는 부분이 있더라고요. 역시 교육에 대한 내용이 담겨 있었어요.

(3) A: 기름이 없어도 움직이는 자동차가 개발됐다면서요?

B: 네. 요즘 신문마다 연일 ____________________을/를 하고 있어서 그런지 사람들의 관심이 매우 집중돼 있는 것 같던데요.

· 와전되다
· 연일

04 최근 신문에서 대서특필하고 있는 사건은 무엇입니까? 그 사건을 왜 대서특필하고 있는지 이야기해 보세요.

| 부록 |

- 듣기 지문 및 정답
- 찾아보기

듣기 지문 및 정답

1과

Part 1 들어 봅시다

사회자 지금 제 옆에는 얼마 전 내레이션 녹음으로 목소리 기부에 동참한 아나운서 김미라 씨가 나와 있습니다. 김미라 씨, 이 일에 참여하게 된 계기는 무엇인지요?

김미라 평소에도 목소리 기부를 해 보고 싶다는 생각은 늘 했었는데 방법을 몰랐어요. 그러다가 우연한 기회에 회사 게시판에 붙은 '시각장애인복지관'의 홍보 도우미 모집 공고를 봤어요. 홍보 도우미의 역할은 행사 사회나 영상물의 내레이션을 주로 담당하는 것이라고 해서 얼른 지원했어요.

사회자 그러셨군요. 목소리 기부라고 하면 생소한 감이 있는데요. 목소리 기부란 어떤 건가요?

김미라 앞을 보지 못하는 시각장애인에게 책을 읽어 준다든지 노래나 내레이션 녹음을 하고 그 수익금을 기부한다든지 하는 방식으로 자신의 목소리를 가지고 다른 사람들에게 도움을 주는, 일종의 재능 기부예요.

사회자 그럼 김미라 씨는 내레이션 녹음 이외에 다른 목소리 기부 활동에도 참여해 본 적이 있나요?

김미라 네. 내레이션 녹음을 한 게 인연이 돼서 지금은 그분들을 위해 책을 녹음하는 낭독 봉사에도 참여하고 있어요.

사회자 아, 그렇군요. 그런데 목소리 기부는 특별한 목소리를 가진 사람들만 할 수 있는 것처럼 느껴지는데 자격 조건이 있습니까?

김미라 표준어를 구사해야 하고 낭독 봉사자 양성 과정을 마쳐야 한다는 조건이 있기는 해요. 그렇지만 일주일에 한 번 꾸준히 낭독해야 하니까 봉사 정신과 책임감을 갖추는 게 더 중요한 것 같아요.

사회자 그러면 시각장애인들에게 도움이 될 만한 활동으로는 또 어떤 것이 있을까요?

김미라 컴퓨터 한글 프로그램을 활용해서 책의 내용을 점자로 입력하는 입력 봉사도 있고 입력한 내용을 원래 책과 대조해서 잘못된 부분을 수정하는 교정 봉사도 있습니다. 이런 경우는 컴퓨터 한글 프로그램만 사용할 줄 안다면 누구나 참여할 수 있습니다. 다양한 방법이 있으니까 망설이지 말고 일단 '시각장애인복지관'으로 연락해 보면 좋을 것 같아요. 많은 분들이 동참해 주시면 좋으련마는 여전히 도움의 손길이 부족한 상황입니다.

사회자 말씀을 듣다 보니 저도 한번 해 보고 싶은데 어떻게 하면 됩니까?

김미라 인터넷 검색창에 '시각장애인복지관'이라고 치면 홈페이지 주소가 뜰 겁니다. 홈페이지를 방문하면 자원봉사 신청 양식이 있어요. 그 양식에 맞춰서 간단한 인적 사항, 연락처, 희망 봉사 분야 등을 기재해서 제출하면 됩니다.

3. (1) ④

(2) 우연한 기회에 회사 게시판에 붙은 '시각장애인복지관'의 홍보 도우미 모집 공고를 보고

(3) ④

(4) 인터넷 검색창에서 '시각장애인복지관' 검색 ➤ '시각장애인복지관' 홈페이지 방문 ➤ 자원봉사 신청서에 인적 사항, 연락처, 희망 봉사 분야 등 기재

신청서 제출 ➤ 활동 참여

Part 2 읽어 봅시다

3. (1) ④ (2) ③

(3)

20대의 의견	글쓴이의 의견
누가 당선되더라도 선거 때 내건 공약은 지켜지지 않을 것이며 어떤 후보가 당선되더라도 사회는 바뀌지 않을 것이다	정치인이 가장 두려워하는 것은 투표이기 때문에 정치와 정치인을 불신한다면 더욱 투표해야 한다
취업 문제나 경제 문제가 해결되지 않으면 선거에 관심을 갖기 어렵다	젊은이들의 취업 문제에 관심을 갖고 그 상황을 대변해 줄 수 있는 후보자에게 투표해야 한다
부재자 투표를 하려면 어려움이 많다	투표는 부재자 투표의 불편함을 감수할 만큼 가치 있고 중요한 일이다

Part 3 어휘 확장

2. (1) 첫 단추를 끼운
   (2) 발을 들여놓았대요
   (3) 출발선에 서 있는

Part 3 사자성어

2.

(1) 동병상련	여러 사람이 조금씩 힘을 합치면 한 사람을 돕기 쉬움
(2) 솔선수범	어려운 처지에 있는 사람끼리 서로 불쌍하게 여김
(3) 십시일반	남보다 앞장서 행동하여 몸소 다른 사람의 모범이 됨

3. (1) 십시일반 (2) 동변상련 (3) 솔선수범

2과

Part 1 들어 봅시다

교수 안녕하십니까? 이번 학기에 교육학개론 강의를 맡은 김성철입니다. 본격적인 강의에 앞서 재미있는 질문부터 하나 해 보겠습니다. 코끼리를 냉장고에 넣으려고 합니다. 여러분이라면 어떻게 하겠습니까?

요코 음, 작은 코끼리를 구해서 큰 냉장고에 넣으면 되지 않을까요?

마이클 아무리 냉장고가 크기로서니 어떻게 코끼리가 들어가겠어요? 교수님께서 반드시 살아 있는 코끼리라고 하시지는 않았으니까 그냥 코끼리 인형을 넣어도 될 듯한데요.

교수 네. 각각의 답이 모두 정답이나 다름없습니다. 엉뚱하게 느껴질 수도 있는 이 질문에 대답하기 위해 여러분은 나름대로 틀에 박힌 사고에서 벗어나 창의력을 발휘했기 때문입니다. 그렇다면 어떻게 해야 창의력을 계발할 수 있을까요? 창의력은 학습이나 생활 방식의 변화를 통해 얼마든지 계발할 수 있습니다. 창의력을 계발하려면 무엇보다도 시행착오를 겁내지 말아야 합니다. 다음으로 좋은 생각이 떠오르면 바로 실행에 옮기는 습관을 가져야 합니다. 아이디어가 떠오른 것 자체를 창의적인 사고의 결과라고 할 수는 없고 이 아이디어를 구체적으로 실현해 나가는 과정이 중요합니다. 또한 가끔 혼자만의 시간을 갖는 것도 창의력을 계발하는 데 도움이 됩니다. 왜냐하면 주변 상황에 영향을 받지 않고 자신만의 생각에 집중할 시간과 휴식을 가짐으로써 창의력이 높아질 수 있기 때문입니다. 마지막으로 항상 사건 그 자체보다 그 사건이 일어난 이유에 대해 생각하는 습관을 들이는 것도 창의력을 계발하는 데 효과적입니다.

요코 머리가 좋으면 창의력도 뛰어날 것 같은데 지능과 창의력은 어떤 관계가 있나요?

교수 흔히 머리가 좋은 사람이 창의적일 거라고 기대하는데요, 사실 창의력은 지능과는 별개의 문제입니다. 뇌의 서로 다른 영역이 각각 창의력과 지능을 담당하기 때문이지요. 다시 말해서 지능은 암기력과 논리적인 사고를 담당하는 좌뇌의 영향을 많이 받는 반면, 창의력은 감성적이고 직관적인 능력과 관련된 우뇌의 영향을 많이 받습니다. 그래서 암기력이 좋지 않은 아이가 의외로 창의력이 높은 경우도 있고 천재라고 평가받는 아이가 창의적이지 않을 수도 있는 것입니다.

3. (1) ③, ④ (2) ③ (3) ③
   (4) · 좋은 생각이 떠오르면 바로 실행에 옮기는 습관을 갖는다.
   · 가끔 혼자만의 시간을 갖는다.
   · 사건 그 자체보다 그 사건이 일어난 이유에 대해 생각하는 습관을 들인다.

Part 2 읽어 봅시다

3. (1) ② (2) ②
   (3)

발명품	아이디어
청바지	재료를 바꿔 보자
거꾸로 세울 수 있는 튜브형 용기	반대로 생각해 보자
지우개 달린 연필	지우개의 기능을 연필에 더해 보자

   (4) ①, ④

Part 3 어휘 확장

2. (1) 자취를 감춰서
   (2) 천지가 개벽해도
   (3) 새바람을 일으킬

Part 3 사자성어

2.

(1)	격세지감	오래지 않은 동안에 몰라보게 변하여 아주 다른 세상이 된 것 같음
(2)	반신반의	비교할 데 없이 변화가 심함
(3)	변화무쌍	얼마쯤 믿으면서도 한편으로는 의심함

3. (1) 반신반의 (2) 격세지감 (3) 변화무쌍

3과

Part 1 들어 봅시다

앵커 단순히 보거나 듣기만 하는 소극적인 여행에서 벗어나 적극적으로 체험해 보는 관광이 인기를 끌고 있습니다. 정시윤 리포터입니다.

리포터 한국 최대의 전통 고추장 생산지로 이름난 전북 순창의 고추장 민속마을. 발효에 가장 좋은 기후 조건을 갖추고 있어서 '고추장 하면 순창'이라는 말이 있을 정도인데요. 전통 고추장 만들기를 직접 체험해 보기 위해 순창을 찾았습니다. 수십 개의 장독이 늘어서 있는 한옥의 앞마당에는 매콤한 냄새가 진동합니다. 장인의 설명을 들으며 고춧가루와 메주, 소금 등을 한데 모아 30분가량 힘껏 휘저으니 고추장이 완성됩니다. 그럼 직접 고추장 만들기 체험에 참가한 분과 인터뷰를 해 보겠습니다.

관광객 TV에서나 보던 장인의 설명을 들으며 고추장을 직접 담가 보니 정말 오기를 잘한 것 같아요. 그리고 가족과 함께 만들어 먹은 고추장 불고기 피자도 별미였습니다. 처음에는 피자에 고추장이 들어간다고 해서 깜짝 놀랐는데 제 입에도 딱 맞더라고요.

리포터 이처럼 이곳에서는 관광객들이 고추장 만들기 체험은 물론이거니와 고추장을 이용해 요리도 하는 등 다양한 체험을 해 볼 수 있습니다. 다양한 체험에 대한 입소문이 퍼지면서 이 작은 마을은 연간 300억 원의 매출을 올리며 순창 지역 경제 발전의 견인차 노릇을 하고 있는데요. 관광객들은 이제 단순히 지역의 특산물을 '사 먹는 것'에 만족하지 않고 '직접 만들어 보고 느끼기'를 원하는 것 같습니다. 여기서 최근 관광 경향에 대해 관광경영학과 교수의 말씀을 들어 보시겠습니다.

전문가 최근 유명 관광지를 둘러보는 단순 관광 대신 지역 문화를 체험해 볼 수 있는 관광이 각광을 받고 있습니다. 남들과 차별화된 여행을 하고자 하는 욕구로 인해 사람들이 새로운 형태의 관광에 눈길을 돌리게 된 것인데요. 특히 2000년대에 들어 개별 여행이 인기를 모으고 있는 데다 주5일 근무제의 시행으로 여가 시간이 증가한 만큼 체험 관광의 인기는 앞으로도 식지 않을 것으로 보입니다.

리포터 관광지에서 사진만 찍고 돌아오는 여행이 아닌 하나의 장소나 하나의 여행 형태를 집중적으로 체험하려는 사람들이 늘어나면서 여행사에서는 한방 체험, 병영 체험, 농촌 체험 등을 테마로 한 다양한 체험 관광을 속속 선보이고 있습니다. '체험'을 전면에 내세운 관광 상품의 등장으로 관광 산업에 변화의 바람이 불고 있습니다. 전북 순창에서 전해 드렸습니다.

3. (1) ② (2) ②
   (3) ① 남들과 차별화된 여행을 하고자 하는 욕구
   ② 개별 여행
   ③ 주5일 근무제의 시행으로 여가 시간이 증가했으므로

Part 2 읽어 봅시다

3. (1) ② (2) ③ (3) ① (4) ①

Part 3 어휘 확장

2. (1) 가시밭길을 가냐고
   (2) 산전수전을 다 겪었습니다
   (3) 피땀을 흘려(서)

Part 3 사자성어

2.

(1) 문전성시	한 군데도 빠짐이 없는 모든 곳
(2) 방방곡곡	찾아오는 사람이 많아 집 문 앞이 시장을 이루다시피 함
(3) 산해진미	산과 바다에서 나는 온갖 재료로 차린 맛있는 음식

3. (1) 산해진미 (2) 방방곡곡 (3) 문전성시

4과

Part 1 들어 봅시다

(1) (캠페인 로고송)

김예진 청소년 여러분, 안녕하세요? 가수 김예진입니다. 여러분의 꿈은 무엇입니까? 자신이 품고 있는 꿈을 주변 사람들에게 이야기해 본 적이 있습니까?

저는 고등학교 때 처음으로 가수로서 무대에 서고 싶다고 생각했는데요. 평범한 고등학생이었던 제게 가수라는 직업은 하늘의 뜬구름처럼 느껴졌지만 저는 가족과 친구들에게 "전 가수가 되고 싶어요. 꼭 가수가 될 겁니다."라고 말하고 다니곤 했습니다. 그러자 처음에는 막연하게만 느껴졌던 가수라는 꿈에 확신이 생겼습니다.

여러분도 자신이 진정으로 원하는 일이 무엇인지 고민해 보세요. 그리고 꿈에 대해 구체적으로 이야기하고 그 꿈을 이룰 수 있다는 확신을 가지세요. 그러면 어느 순간 꿈을 이룬 자신의 모습을 발견하게 될 겁니다.

(2) (캠페인 로고송)

한수진 안녕하세요? 소설가 한수진입니다. 고3 수험생 딸을 둔 엄마이기도 한데요. 요즘 대학 입시 때문에 스트레스를 받는 아이와 이야기를 나누던 중 문득 '모든 아이들이 공부를 잘해야 하는 걸까?' 하는 생각이 들더군요.

우리의 소중한 아이들이 지나치게 무거운 학업 부담을 견디다 못해 잘못된 방향으로 나아가는 경우가 적지 않은데요. 아이들의 행복을 성적순으로 매기고 입시 위주의 교육을 부추기는 사회 분위기가 사라질 때 진정한 의미의 교육이 가능해지지 않을까요? 여러분은 자녀가 어떤 능력을 가지고 있는지 알고 계십니까? 이제 부모들은 아이들의 성적이 아닌, 진짜 능력에 관심을 기울여야 합니다. 그래야 비로소 아이들의 밝은 미래가 눈앞에 펼쳐집니다.

(3) (캠페인 로고송)

최선준 안녕하세요? 이화고등학교 교사 최선준입니다. '학교는 쉬는 곳, 입시 공부는 학원에서……'라는 말을 들어 보셨습니까? 바로 우리 학생들의 생활을 단적으로 보여 주는 말인데요. 경제가 어려운 가운데에도 지난해 사교육비는 크게 증가해 20조 원을 넘었다고 합니다. 또한 일부 지역의 경우 생활비 중 사교육비가 54.3%를 차지한다는 통계도 있습니다. 이렇다 보니 사교육비가 부담스럽지 않은 가정은 거의 없을 텐데요. 많은 부모들이 사교육비는 자녀에 대한 '투자'라고 말합니다. 하지만 가정에 지나치게 부담을 주는 사교육비는 더 이상 '투자'라고 하기 어렵지 않을까요?

대부분의 아이가 학원에 다니고 있으니까 우리 아이도 학원에 가야 하는 것은 아닐까 생각하고 계시지는 않습니까? 그러나 사교육비 부담에 부모는 등골이 휘고, 아이들은 학원에서 많은 시간을 보내지만 여전히 오르지 않는 성적 때문에 힘들어 합니다. 더 늦기 전에 부모의 욕심과 미래에 대한 불안감이 사교육에 대한 집착으로 나타나는 것은 아닌지 생각해 봤으면 합니다.

3. (1) ② (2) ④ (3) ④

Part 2 읽어 봅시다

3. (1) ①
   (2) ① 뒷받침해 주지 않는다면
   ② 실력 차가 커서 수업 운영에 어려움이 있다
   ③ 부모의 역량에 크게 의존하게 된다
   (3) 가치관과 생활 양식이 변화했기 때문에
   (4) ② 인재를 양성하는 기능: 재능 있는 사람을 선발하고 배치
   ③ 사회의 변화와 발전에 공헌하는 기능: 새로운 지식이나 발명, 발견을 통해 사회 발전을 도움

Part 3 어휘 확장

2. (1) 한 우물을 파면
   (2) 눈에 불을 켜고
   (3) 정신을 가다듬고

Part 3 사자성어

2.

(1) 박학다식	• ——— •	학식이 넓고 아는 것이 많음
(2) 일취월장	• ╲╱ •	여러 방면에 능통함
(3) 팔방미인	• ╱╲ •	나날이 다달이 자라거나 발전함

(연결: (1) – 학식이 넓고 아는 것이 많음, (2) – 나날이 다달이 자라거나 발전함, (3) – 여러 방면에 능통함)

3. (1) 박학다식 (2) 일취월장 (3) 팔방미인

5과

Part 1 들어 봅시다

사회자 오늘은 한글날을 맞아 한글학자 박종진 박사님을 모시고 이야기 나눠 보도록 하겠습니다. 안녕하세요? 박사님.

박종진 안녕하세요?

사회자 얼마 전까지 한글 창제를 다룬 드라마가 방영돼서 그런지 한글에 대한 관심이 높아지고 있는데요.

박종진 저도 봤는데 그 드라마에는 극적인 한글 창제 과정, 세종대왕의 노력, 한글의 과학성이 잘 녹아 있더군요. 고유한 문자가 없었던 시절, 백성들은 말을 기록하기 위해서 중국의 한자를 빌려 사용할 수밖에 없어 어려움이 많았습니다. 그래서 세종대왕은 새로운 문자의 필요성을 느꼈습니다. 그런데 백성들을 위해 새로운 문자를 만들자니 상당수의 양반들이 반감을 표시했습니다. 당시 지식층인 양반들은 새로운 문자가 필요하네 그렇지 않네 하면서 논쟁을 벌였던 것이죠. 그렇지만 세종대왕은 뜻을 굽히지 않고 한글을 만들어서 백성들에게 알렸습니다.

사회자 네, 그렇군요. 한글 창제 과정에서 세종대왕이 백성을 얼마나 아꼈는지 엿볼 수 있네요. 그렇다면 한글은 어떤 원리로 만들어진 글자인가요?

박종진 자, 여기 그림을 보면서 설명 드리겠습니다. 한글의 자모는 각각 목구멍, 입 같은 발음 기관과 하늘, 땅, 사람의 모양을 본떠 만들었습니다. 예를 들어, 자음 'ㅁ(미음)'은 입술의 네모난 모양을, 'ㅅ(시옷)'은 이의 뾰족한 모양을 본떠서 만들었지요. 모음은 하늘, 땅, 사람을 본떠서 만들었는데 'ㆍ(아래아)'는 둥근 하늘을, 'ㅡ(으)'는 평평한 땅을, 'ㅣ(이)'는 서 있는 사람을 형상화해서 만든 것입니다.

사회자 말이 나온 김에 한글의 과학성에 대해서 좀 더 설명해 주시겠습니까?

박종진 기본자에 획을 더해서 새로운 글자를 만들었다는 점도 과학적이라고 할 수 있습니다. 자음 'ㄱ(기역)', 'ㄴ(니은)', 'ㅁ(미음)', 'ㅅ(시옷)', 'ㅇ(이응)'과 모음 'ㆍ(아래아)', 'ㅡ(으)', 'ㅣ(이)'를 기본으로 하고 여기다가 가로나 세로에 획을 더하는 방식으로 나머지 글자를 만들었습니다. 'ㅋ(키읔)'과 'ㅌ(티읕)'으로 설명을 드리자면 'ㄱ(기역)에 한 획을 더하면 'ㅋ(키읔)'이, 'ㄷ(디귿)'에 한 획을 더하면 'ㅌ(티읕)'이 됩니다. 그런데 이렇게 획이 추가되면서 소리까지 더 센 소리로 바뀌게 됩니다.

사회자 글자 모양에 소리의 특성까지 잘 반영된 문자가 한글이라는 말씀이시군요.

3. (1) ④ (2) ②
   (3)

(1)		•	ㅁ
(2)		•	ㅡ
(3)		•	ㅅ
(4)		•	ㅣ

(연결: (1) – ㅅ, (2) – ㅁ, (3) – ㅣ, (4) – ㅡ)

Part 2 읽어 봅시다

3. (1) ① (2) ③, ④
   (3) ① 여러 가지 중에서 특정한 것을 지정하여 말할 때
   ② 꾸며 주는 문장의 주어에 조사가 붙었을 때

Part 3 어휘 확장

2. (1) 말문이 트여서 (2) 화두를 던져 (3) 토를 달잖아

Part 3 사자성어

2.

(1) 단도직입	조리가 없이 이렇게 저렇게 말함
(2) 왈가왈부	어떤 일에 대하여 옳다거나 옳지 않다고 말함
(3) 횡설수설	여러 말을 늘어놓지 않고 바로 요점이나 본문제를 말함

3. (1) 왈가왈부 (2) 횡설수설 (3) 단도직입

6과

Part 1 들어 봅시다

강연자 여러분, 안녕하세요? 이번 강연을 맡게 된 판매 전략 연구소 소장 이윤희입니다. 여러분들 중에는 공짜를 좋아하는 분들도 계실 겁니다. 그런데 노벨경제학상을 수상한 밀턴 프리드만(Milton Friedman) 교수는 '세상에 공짜 점심은 없다'라는 유명한 말을 했습니다. '공짜 점심'이라는 말은 미국 서부의 술집에서 일정량의 술을 마시는 모든 손님에게 점심을 공짜로 제공한 데서 나온 말입니다. 그렇지만 이미 술값에 점심 비용이 포함되어 있었기 때문에 사실 공짜가 아니었죠. 그렇지만 손님들은 공짜로 생각하고 만족했으니 효과적인 판매 전략이라고 볼 수 있습니다.

공짜 점심과 같은 판매 전략처럼 사실 유통업계에서는 다수의 소비자를 유혹하기 위해 다양한 전략을 사용합니다. 제품을 하나 구매하면 동일한 상품을 덤으로 주는 전략은 앞서 언급한 '공짜 점심'과 비슷한 판매 전략입니다. 이러한 전략뿐만 아니라 숫자를 이용한 판매 전략도 많이 사용됩니다. 대표적인 예가 바로 990원, 9,900원처럼 딱 떨어지는 숫자가 아닌 9를 물건 값으로 사용하는 마케팅입니다. 동일한 상품에 1,000원이라는 가격표가 붙어 있을 때와 990원이라는 가격표가 붙어 있을 때 어느 쪽이 잘 팔릴까요? 바로 후자지요. 10원밖에 차이가 나지 않지만 훨씬 싸게 느껴지기 때문입니다. 요즘에는 더 나아가서 980원이나 9,800원처럼 숫자 8을 사용해서 더 저렴한 느낌을 받게 하는 전략을 사용하는 곳도 많습니다.

또 다른 판매 전략은 백화점에서 자주 볼 수 있습니다. 요즘은 고객 편의를 위해 1층에 화장실을 두는 경우도 있지만 여전히 1층에 화장실이 없는 백화점도 많습니다. 그래서 여러분 중에는 백화점 1층에서 쇼핑하다가 화장실에라도 갈라치면 화장실 표지가 쉽게 눈에 띄지 않아서 당황했던 기억이 있는 분도 계실 겁니다. 이것은 1층에 들어선 고객들이 한 개 층이라도 더 둘러보게 만드는 전략이라고 볼 수 있습니다. 또한 대부분 백화점 매장에는 창문은 고사하고 시계도 없는 곳이 많습니다. 이것은 쇼핑에만 몰두하게 하려는 백화점의 치밀한 계산에서 나온 것입니다.

이밖에도 회원제 서비스를 통해 고객에게 생일 쿠폰을 발급하거나 구매할 때 포인트 카드에 포인트를 적립해 주는 등 다양한 판매 전략이 있는데 이 점에 대해서는 자료를 보면서 좀 더 이야기하도록 하겠습니다.

3. (1) ②
(2) 제품을 하나 구매하면 동일한 상품을 덤으로 주는 전략
(3) ② (4) ①

Part 2 읽어 봅시다

3. (1) ③ (2) ② (3) ②

Part 3 어휘 확장

2. (1) 접전을 벌인
(2) 어깨를 견주어도
(3) 승패를 가르다니

Part 3 사자성어

2.

(1) 금상첨화	힘들이지 않고 단번에 많은 재물을 얻음
(2) 일확천금	물건 값 등이 하늘 높이 올라감
(3) 천정부지	좋은 일에 또 좋은 일이 더해짐

3. (1) 천정부지 (2) 금상첨화 (3) 일확천금

7과

Part 1 들어 봅시다

교수　잘 쉬셨습니까? 그럼, 수업을 다시 시작하도록 하겠습니다. 쉬는 시간 전에는 관혼상제에 대해 살펴봤는데요. 이번에는 한국인의 출생에 관해 알아보겠습니다. 한 생명을 낳는 일은 신성하고 중요한 일이기에 한국 사람들은 출산 전부터 다양한 노력을 했습니다. 아기를 갖기 위해 밤, 대추, 호두 등 자식을 낳는 데 효험이 있다고 알려진 음식을 먹거나 신이나 바위, 나무 등에 정성껏 기도를 드리기도 했습니다. 이런 노력 끝에 임신을 하게 되면 임신부는 아름다운 것만 보고 좋은 생각만 하면서 건강한 아기를 낳기 위해 출산할 때까지 태교에 힘썼습니다. 태교란 뱃속의 아기에게 좋은 영향을 주기 위해 마음을 바르게 하고 언행을 삼가는 일인데 사실 태교에는 금기 사항이 많이 있습니다. 예를 들어 작은 생물이라도 죽여서는 안 되고 남의 흉을 봐도 안 되며 너무 많이 자거나 누워 있어도 안 된다고 했습니다. 더욱이 태교는 임신부뿐만 아니라 가족 구성원까지 함께해야 해서 출산 예정일이 가까워지면 가족은 상갓집에 가는 것마저 삼갔습니다.

요코　교수님, 질문 있는데요. 왜 상갓집에 가는 것을 금했나요?

교수　상갓집은 죽음과 관련된 곳이므로 출생과 상반된다고 할 수 있죠. 그러므로 상갓집의 기운이 임신부나 가족의 심리에 좋지 않은 영향을 끼칠 것을 경계한 것이라고 할 수 있습니다. 그런데 사실 이렇게 납득할 만한 금기 사항이 있는 반면 타당한 근거를 찾기 힘든 금기 사항도 있습니다. 오징어를 먹으면 뼈 없는 아기를 낳네 닭을 먹으면 피부가 오돌토돌한 아기를 낳네 오리고기를 먹으면 발가락이나 손가락이 붙은 아기를 낳네 하면서 이런 속설을 과학적으로 증명된 사실인 양 말하는 사람도 있습니다. 그렇지만 이러한 금기 사항은 비과학적이고 미신적인 요소가 강하다고 할 수 있습니다.

요코　그럼 아기가 태어난 후에도 조심해야 할 것이 있나요?

교수　네, 물론이죠. 아기에게는 피부 보호 차원에서 배냇저고리를 입히고 산모에게는 차가운 것, 매운 것을 삼가게 하며 미역국과 소화가 잘 되는 부드러운 음식을 먹게 합니다. 산모는 태어난 아기를 돌보느라 잠도 자는 둥 마는 둥 하는 날이 많으므로 건강을 위해 삼칠일 동안은 가능하면 바깥출입을 하지 않습니다. 한편 아기가 태어나면 보통 3주 동안 대문에 금줄을 쳤는데요. 금줄은 외부에 아기의 출생을 알리는 동시에 나쁜 기운의 출입을 막고자 하는 의미가 있습니다. 그래서 금줄을 친 집에는 함부로 가지 않는 것이 예의였습니다. 금줄은 태어난 아기의 성별에 따라 다르게 쳤는데 대체로 아들인 경우에는 고추와 숯을, 딸인 경우에는 흰 종이와 솔잎을 매달았습니다. 숯은 붓을 상징하니 아들이 공부를 잘하기 바라는 마음에서, 솔잎은 바늘을 상징하니 딸이 바느질을 잘하기 바라는 마음에서 그런 것이었습니다.

3. (1) ② (2) ① (3) ④

Part 2 읽어 봅시다

3. (1) ③ (2) 야학에 다니게 된 것 (3) ③

Part 3 어휘 확장

2. (1) 눈에 흙이 들어가기
   (2) 목숨을 끊는
   (3) 최후를 맞는

Part 3 사자성어

2.

(1) 대기만성	크게 될 사람은 시간과 노력이 많이 들어 늦게 이루어짐
(2) 전화위복	사람의 생활이나 일의 진행에 시련이 많고 변화가 심함
(3) 파란만장	나쁜 일이 바뀌어 오히려 복이 됨

3. (1) 대기만성 (2) 파란만장 (3) 전화위복

8과

Part 1 들어 봅시다

진행자 오늘은 자원환경공학과의 박민호 교수님을 모시고 말씀 나눠 보겠습니다. 최근 들어 세계 각국은 자국의 발전에만 열을 올리는 통에 자원 고갈이 급속히 진행되고 있는 것 같은데요. 앞으로 우리가 사용할 수 있는 자원의 양은 얼마나 되나요?

박민호 자원의 종류에 따라 다르기는 합니다만 석유의 경우 약 40년, 천연가스는 약 60년 정도 쓸 수 있는 양이 남아 있는 것으로 추정됩니다. 그런데 앞으로 자원 소비가 늘어나 고갈 시기 역시 앞당겨질 위험이 있습니다.

진행자 그렇군요. 그런데 교수님, 자원이 고갈되어 갈수록 발생되는 문제점도 많을 것 같은데요.

박민호 물론입니다. 대표적인 문제점은 자원의 가격 상승입니다. 앞으로 석유를 보유하지 않은 국가는 석유 가격 상승으로 인해 큰 어려움에 직면할지도 모릅니다.

진행자 그런데 교수님, 자원 고갈의 문제만큼이나 심각한 것이 환경문제 아닙니까?

박민호 그렇습니다. 앞서 말씀드린 석유를 비롯해서 석탄 천연가스와 같은 화석연료를 채굴하고 운반하는 과정에서 토양이나 해양이 오염돼서 환경이 파괴되기도 합니다. 최근에도 석유를 운반하던 유조선이 침몰하는 바람에 많은 기름이 바다로 유출되지 않았습니까? 파괴된 환경을 원상 복구 하는 데 많은 시간이 소요된다는 점을 생각하면 심각한 문제가 아닐 수 없지요. 그런데 화석연료를 채굴하거나 운반하는 과정보다 사용하는 과정에서 환경이 더 많이 오염됩니다. 왜냐하면 화석연료를 사용하는 과정에서 많은 이산화탄소가 배출되는데 이 이산화탄소가 지구온난화를 초래하는 대표적인 온실가스이기 때문입니다. 문제는 지구온난화가 진행될수록 비정상적인 기후변화가 일어난다는 데 있습니다.

진행자 화석연료 사용이 기후변화까지 초래할 수 있다니 심각한 문제가 아닐 수 없네요. 그럼 화석연료 사용으로 인한 환경문제를 해결하기 위해서는 어떻게 해야 합니까?

박민호 무엇보다 온실가스 배출량부터 줄여야 합니다. 최근 국가별로 온실가스 배출량을 단계적으로 감축해 나가기로 합의했습니다. 이를 이행하기 위해 각국 정부는 온실가스 배출량을 줄이기 위한 환경 정책과 규제를 강화해야 할 것입니다. 기업 역시 친환경 에너지 개발에 적극 투자하고 친환경 제품 생산에도 힘써야 합니다. 또한 개개인도 나 하나쯤은 괜찮겠거니 하고 무분별하게 에너지를 사용하는 습관을 지양해야겠지요. 자원 고갈 문제와 함께 환경오염에 대한 관심이 필요한 때입니다.

3. (1) ③ (2) ①

(3)

정부	온실가스 배출량을 줄이기 위한 환경 정책과 규제 강화
기업	친환경 에너지 개발에 투자하고 친환경 제품 생산에 힘씀
개인	무분별한 에너지 사용 습관 지양

Part 2 읽어 봅시다

3. (1) 환경과 경제의 상생을 추구하는 개념으로 환경을 훼손하지 않으면서 경제 성장을 이루는 것
(2) ③ (3) ② (4) ④

Part 3 어휘 확장

2. (1) 대단원의 막을 내린대요
(2) 꼬리표를 떼고
(3) 유종의 미를 거두고

Part 3 사자성어

2.

(1) 설상가상	난처한 일이나 불행한 일이 잇따라 일어남
(2) 속수무책	어찌할 도리가 없어 꼼짝 못함
(3) 자업자득	자기가 저지른 일의 결과를 자기가 받음

3. (1) 설상가상 (2) 속수무책 (3) 자업자득

9과

Part 1 들어 봅시다

교수 여러분, 안녕하세요? 이렇게 교실을 떠나 남산골 한옥 마을에서 뵙게 되니 더욱 반갑습니다. 오늘 수업에서는 옛사람들이 어떻게 무더운 여름을 났는지 알아보겠습니다. 앞에 보이는 대청에 걸터앉아 이야기를 나눠 볼까요?

지금 우리가 앉아 있는 이 대청은 현재의 거실과 비슷한 공간입니다. 그리고 방과 방 사이를 연결하는 통로의 역할도 하고요. 선풍기나 에어컨이 없던 시절에는 대청에 앉아 있기만 해도 시원했기 때문에 더위를 식히기에 안성맞춤이었습니다.

학생 교수님, 대청에 앉아 있기만 해도 시원한 이유가 뭔가요?

교수 그건 바람의 원리를 잘 이용했기 때문입니다. 자, 앞을 한번 보세요. 보시다시피 마당에는 나무나 잔디를 심지 않았습니다. 이렇게 모래만 있는 마당은 햇볕을 받으면 금세 뜨거워지겠지요? 이 뜨거워진 마당의 공기는 위로 올라가고 그 빈자리를 메우기 위해 상대적으로 온도가 낮은 집 뒤쪽으로부터 바람이 불게 됩니다. 앞마당과 뒷마당의 온도 차이로 생긴 바람이 집의 앞뒤로 뚫려 있는 이곳 대청을 통과하게 되지요. 게다가 바람의 흐름을 방해할 수 있는 가구는 대청에 들여놓지 않았으니 바람이 막힘 없이 통과했을 테고 말입니다. 이제 바람 한 점 없는 날에도 대청이 시원한 이유를 아시겠지요?

학생 그래서 대청이 시원하군요.

교수 그럼 이번에는 실내를 한 번 둘러봅시다. 여름철에는 습도가 높기 때문에 실내 통풍도 매우 중요한데 그것을 가능하게 해 주는 것이 바로 창과 문이지요. 한옥의 창과 문은 아무렇게나 난 듯해도 알고 보면 정교하게 배치되어 있어요. 보시다시피 많은 방의 창과 문은 일직선으로 배치되어 있는 것을 볼 수 있습니다. 바람이 통하는 길을 만들어 놓은 것입니다. 그 덕분에 자연히 실내 습도가 조절될 뿐만 아니라 창과 문을 열어 놓으면 맨 끝에 보이는 창 너머의 바깥 풍경까지 볼 수 있지요.

학생 한옥에서의 창과 문은 바람이 지나는 통로 역할을 하는군요. 교수님께 설명을 들었기에 망정이지 저 혼자 왔더라면 그런 원리를 전혀 몰랐을 거예요.

교수 그럼 이번에는 눈을 크게 뜨고 한옥의 처마를 다시 한번 살펴볼까요? 처마에 쇠로 만든 막대가 달려 있는 것이 보이지요? 저건 걸쇠라고 하는 것인데 창이나 문을 연 뒤에 들어 올려서 매달 수 있도록 한 장치입니다. 이렇게 해 놓으면 결국 기둥만 남게 돼서 사방으로 바람이 잘 통하게 됩니다. 이 걸쇠 덕분에 통풍이 잘 되었을 뿐만 아니라 실내 공간을 넓게 쓸 수도 있게 되었습니다. 이처럼 한옥에는 시원하게 여름을 나기 위한 과학적 원리가 숨어 있습니다. 요즘에는 날씨가 조금만 더워도 선풍기나 에어컨 같은 냉방장치에만 의존하려고 드는데 바람의 원리만 잘 이용해도 더위를 이길 수 있다는 사실을 잊지 마시기 바랍니다.

3. (1) ① (2) ④ (3) ③

Part 2 읽어 봅시다

3. (1) ④ (2) ②
   (3) ① 품이 넉넉한 한복
   ② 좌식 생활, 신발을 벗고 입실
   ④ 윷놀이, 가야금

Part 3 어휘 확장

2. (1) 뜬눈으로 밤을 지새웠니
   (2) 새우잠을 잤어요
   (3) 눈을 붙이고

Part 3 사자성어

2.

(1)	가가호호	집집마다
(2)	사면초가	기초가 튼튼하지 못해 오래 견디지 못할 일이나 물건
(3)	사상누각	아무에게도 도움을 받지 못하는 외롭고 곤란한 형편

(선 연결: (1) 가가호호 – 집집마다, (2) 사면초가 – 아무에게도 도움을 받지 못하는 외롭고 곤란한 형편, (3) 사상누각 – 기초가 튼튼하지 못해 오래 견디지 못할 일이나 물건)

3. (1) 사상누각 (2) 가가호호 (3) 사면초가

10과

Part 1 들어 봅시다

사회자 문화 콘텐츠에 대한 관심이 커지고 있는 가운데 오늘은 문화진흥연구소 김미나 소장님을 모시고 문화 콘텐츠에 대한 대담을 나눠 보도록 하겠습니다. 소장님, 요즘 뉴스나 신문에서 문화 콘텐츠에 대해 자주 듣는데 정확하게 문화 콘텐츠란 무엇입니까?

김미나 문화 콘텐츠란 쉽게 말하면 창의력, 상상력을 기반으로 만들어 낸 문화 상품입니다. 즉 고유한 우리의 문화나 생활 양식, 문화 예술 등의 문화적 요소가 창의력을 만나 상품화되면 문화 콘텐츠가 될 수 있는 것이지요. 보통 영화, 게임, 드라마, 애니메이션, 만화, 캐릭터, 음악, 방송 등이 문화 콘텐츠에 포함됩니다.

사회자 상품이라는 말에서 경제적인 가치가 느껴지는데 문화 콘텐츠가 경제와도 관계가 있나요?

김미나 물론입니다. 잘 만든 문화 콘텐츠는 해외 수출로 이어지기도 합니다. 실제로 최근 5년간의 문화 콘텐츠 수출 자료를 보면 수출이 지속적으로 증가하고 있음을 알 수 있습니다. 5년 전 문화 콘텐츠 수출액은 13억 달러였는데 현재 26억 달러가 되었으니 수출액이 두 배 가량 증가한 셈입니다. 그만큼 우리의 문화 콘텐츠에 대한 세계인의 관심과 사랑이 늘어나고 있다는 증거이기도 하지요.

사회자 가장 많이 수출되는 문화 콘텐츠는 무엇입니까?

김미나 디지털 기기를 이용하는 게임입니다. 게임 참여자가 게임의 내용을 직접 선택하거나 다수의 사람들이 함께 참여할 수 있는 게임이 인기를 끌고 있습니다. 만화를 원작으로 한 게임 '리니지'처럼 만화라는 정적인 매체가 디지털 기기를 만나 동적으로 바뀌면서 한국에서나 해외 모두에서 큰 인기를 끌게 된 경우도 있습니다. 그렇지만 게임 못지않게 방송이나 음악과 같은 문화 콘텐츠도 세계 여러 나라에서 인기가 많습니다.

사회자 문화 콘텐츠가 지속적으로 사랑을 받으려면 어떤 노력을 기울여야 할까요?

김미나 앞서도 말씀드렸듯이 문화 콘텐츠는 기본적으로 상상력에서 출발합니다. 내용을 누구나 다 알고 있다손 치더라도 매체를 바꾸거나 내용을 비틀어 사람들에게 감동을 줄 수 있도록 만든다면 성공적인 문화 콘텐츠가 될 수 있습니다. 예를 들어 최근 사랑을 받고 있는 공연 '비밥'은 한식인 비빔밥을 춤과 음악으로 흥겹게 표현해 내고 있습니다. 음식과 공연이 무대에서 함께 어우러지면서 관객의 상상력을 뛰어 넘었기 때문에 인기를 끌게 되었다고 볼 수 있지요.

사회자 결국 어떤 문화 콘텐츠건 간에 참신하면서도 감동을 줄 수 있어야 한다는 말씀이시군요. 소장님, 오늘 말씀 감사드립니다.

3. (1) ② (2) ④
   (3) 음식과 공연이 무대에서 함께 어우러지면서 관객의 상상력을 뛰어 넘었기 때문에
   (4) ③

Part 2 읽어 봅시다

3. (1) 토끼장(앞) (2) ④ (3) ①

Part 3 어휘 확장

2. (1) 감명을 받았어요
   (2) 심금을 울리는
   (3) 코끝이 찡했어요

Part 3 사자성어

2.

(1) 대서특필		어느 면에서 한 가지로 서로 통함
(2) 유언비어		누구나 알도록 크게 여론화 시킴
(3) 일맥상통		아무런 근거 없이 널리 퍼진 소문

3. (1) 유언비어 (2) 일맥상통 (3) 대서특필

찾아보기

ㄱ

ㄴ

ㄷ

ㄹ

ㅁ

ㅂ

ㅅ

ㅇ

지은이 소개

조정민 Jung Min Cho
전 이화여자대학교 언어교육원 전임강사
이화여자대학교 국어국문학과 박사 수료

박진철 Jin Chul Park
전 이화여자대학교 언어교육원 전임강사
연세대학교 한국학협동과정 박사 과정

조인숙 In Sook Jo
전 이화여자대학교 언어교육원 강사
한양대학교 신문방송학과 박사 수료

이수행 Soo Haeng Lee
전 이화여자대학교 언어교육원 강사
상명대학교 한국학과 박사 수료

박수연 Soo Yeon Park
전 이화여자대학교 언어교육원 강사
연세대학교 국어국문학과 박사 수료

MP3 목차

• 본 교재의 듣기 자료는 이화여자대학교출판문화원 홈페이지(www.ewhapress.com) '자료실'에서 내려받을 수 있습니다.